Sinopses
JURÍDICAS

VOLUME 9

DIREITO PENAL

CB131325

VICTOR EDUARDO RIOS GONÇALVES

Promotor de Justiça Criminal e Professor de Direito Penal e
Processo Penal no Damásio Educacional.

DIREITO PENAL

DOS CRIMES CONTRA O PATRIMÔNIO AOS CRIMES CONTRA A PROPRIEDADE IMATERIAL

VOLUME 9

19ª edição

2018

saraiva jur

ISBN 978-85-472-0610-9 obra completa
ISBN 978-85-472-2799-9 volume 9

DADOS INTERNACIONAIS DE CATALOGAÇÃO NA PUBLICAÇÃO (CIP)
ANGÉLICA ILACQUA CRB-8/7057

Gonçalves, Victor Eduardo Rios

Direito penal : dos crimes contra o patrimônio aos crimes contra a propriedade imaterial / Victor Eduardo Rios Gonçalves. – 19. ed. – São Paulo : Saraiva Educação, 2018. (Coleção sinopses jurídicas ; v. 9)

1. Direito penal 2. Direito penal - Brasil I. Título. II. Série.

17-1599 CDU 343 (81)

Índice para catálogo sistemático:

1. Brasil : Direito penal 343 (81)

somos EDUCAÇÃO | saraiva jur

Av. das Nações Unidas, 7.221, 1º andar, Setor B
Pinheiros – São Paulo – SP – CEP 05425-902

SAC 0800-0117875
De 2ª a 6ª, das 8h às 18h
www.editorasaraiva.com.br/contato

Data de fechamento da edição: 29-12-2017

Dúvidas? Acesse www.editorasaraiva.com.br/direito

CL 604700 CAE 623936

Índice

Título II
DOS CRIMES CONTRA O PATRIMÔNIO

O Título II da Parte Especial do Código Penal possui oito capítulos, sendo que os sete primeiros tratam dos crimes em espécie, e o último, denominado "Disposições Gerais", estabelece algumas imunidades em relação aos delitos tratados nos anteriores.

Capítulo I
DO FURTO

1 FURTO

> Art. 155, *caput* – Subtrair, para si ou para outrem, coisa alheia móvel:
> Pena – reclusão, de um a quatro anos, e multa.

1. Elementos do furto

O crime de furto possui quatro elementos componentes:

a) a conduta típica consistente em uma subtração;

b) o objeto material, que deve ser uma coisa móvel;

c) o elemento normativo do tipo, referente à necessidade de ser alheia a coisa subtraída; e

d) o elemento subjetivo do tipo, consistente na intenção de assenhoreamento do bem, para si ou para outrem.

Analisaremos a seguir cada um desses elementos componentes:

a) Subtração. O núcleo do tipo do furto é o verbo "subtrair", que abrange duas hipóteses. A primeira ocorre quando o agente, sem autorização, apodera-se de bem alheio e o leva embora, retirando-o do local, como, por exemplo, entrando sorrateiramente no quintal de uma casa e levando a bicicleta, ou colocando a mão dentro da bolsa de uma mulher e tirando a carteira de seu interior. Na segunda hipótese, a vítima, ou alguém em seu nome, entrega o bem ao agente mas não o autoriza a deixar o local com o objeto (posse vigiada), porém ele consegue dali sair levando a coisa alheia. É o que ocorre, por exemplo, quando alguém recebe um livro apenas com autorização para manuseá-lo dentro de uma biblioteca, mas o esconde em uma bolsa e deixa o local, ou quando recebe uma joia para experimentar dentro de uma loja e sai de lá correndo. Como os casos de posse vigiada dão origem ao crime de furto, por exclusão, conclui-se que apenas as hipóteses em que o agente tem uma posse desvigiada e não devolve o bem configuram crime de apropriação indébita. Exemplos: pessoa que recebe um livro em uma biblioteca com autorização para levá-lo para ler em casa e que, posteriormente, não o restitui; pessoa que recebe um carro emprestado para fazer uma viagem e depois não o devolve ao dono. Nesses casos, como o agente tinha autorização para deixar o local com o objeto, não foi necessário que fosse retirado da esfera de vigilância da vítima contra a sua vontade, e, por isso, não houve subtração, caracterizando, portanto, apropriação indébita.

Em suma, existe subtração: a) quando o próprio agente se apossa da coisa alheia sem autorização e a leva embora; b) quando recebe uma posse vigiada, para ser exercida momentaneamente no local em que o bem foi recebido, e o retira da esfera da vigilância do dono.

Por sua vez, pouco importa para a caracterização do furto que a vítima presencie ou não a subtração. O furto somente dará lugar ao roubo (art. 157) quando existir emprego de violência contra pessoa, grave ameaça ou qualquer outro recurso que reduza a vítima à impossibilidade de resistência.

b) Coisa móvel. É o objeto material do furto, uma vez que só os bens móveis podem ser subtraídos, já que apenas eles podem ser retirados do local em que se encontram. Os bens imóveis, portanto, não podem ser furtados, sendo de salientar que, para fins penais, são assim considerados apenas aqueles que não podem ser levados de um lugar para outro. Eventuais ficções da lei civil que confiram tratamento de coisa imóvel a bens que podem ser deslocados não se aplicam no âmbito penal.

Os animais e os semoventes, quando tiverem dono, podem ser objeto de furto. O furto de semoventes (gado) é conhecido pelo nome de "abigeato". Semoventes constituem espécie do gênero coisa móvel. A subtração de semovente domesticável de produção caracteriza modalidade qualificada do delito de furto (ver comentários ao art. 155, § 6º).

É também possível a subtração de terra ou areia (extração clandestina) e de árvores, desde que o fato não constitua crime previsto na Lei Ambiental (Lei n. 9.605/98). Exemplo: retirada de jabuticabeira de um terreno particular.

O art. 155, § 3º, do Código Penal, por seu turno, equipara à coisa móvel a energia elétrica, bem como qualquer outra forma de energia que tenha valor econômico (térmica, mecânica, nuclear etc.). Trata-se de norma penal explicativa, e, graças a ela, conclui-se que existe furto quando uma pessoa faz ligação clandestina da rede elétrica pública ou de outras residências até a sua própria casa ou estabelecimento comercial. É necessário, porém, observar a seguinte distinção: quando o agente capta, clandestinamente, a energia da rede pública ou do vizinho, o crime é o de furto, quer tenha havido desvio total (sem passar pelo medidor), quer tenha havido fraude no aparelho para o consumo ser registrado a menor (furto qualificado pela fraude). Se, todavia, o consumo ocorrer normalmente e for regularmente registrado no medidor e, posteriormente, o agente adulterar o "relógio de luz" para diminuir o valor da conta, o crime será o de estelionato.

O Superior Tribunal de Justiça firmou entendimento de que o pagamento pelo autor do crime dos valores apurados pela vítima em razão da subtração de energia elétrica ou de água encanada, realizado antes do início da ação penal, gera a extinção da punibilidade, por aplicação analógica *in bonam partem* das regras sobre o tema da legislação tributária, porque a energia elétrica e a água encanada são "preços públicos".

Como a finalidade do art. 155, § 3º é possibilitar a punição do furto de bens incorpóreos que têm valor econômico, entendemos que há crime na captação clandestina de sinal de televisão a cabo ou via satélite, ou, ainda, na clonagem de telefone celular. Existem julgados do Superior Tribunal de Justiça nesse sentido, inclusive porque o art. 35 da Lei n. 8.977/95 exprime claramente que constitui crime a captação clandestina de sinal de TV a cabo. Alguns desses julgados mencionam que o sinal de TV a cabo é forma de energia – energia radiante. Existem, porém, julgados das Cortes Superiores em sentido contrário, com o argumento de que o sinal de TV a cabo não é forma de energia e que o enquadramento no art. 155, § 3º, do CP constitui analogia *in malam partem* vedada no âmbito penal.

A subtração de sêmen também é considerada uma forma de furto de energia (energia genética).

c) Coisa alheia. Trata-se do elemento normativo do crime de furto, uma vez que é necessária uma análise, após a conduta tida como ilícita, no sentido de verificar se o bem é efetivamente alheio ou da própria pessoa acusada.

Se por erro plenamente justificado pelas circunstâncias o agente supõe que o objeto lhe pertence, não responderá pelo furto por ter havido erro de tipo (art. 20 do CP), que exclui o dolo. Exemplo: pessoa que sai de um estacionamento com um carro idêntico ao seu.

As "coisas de uso comum", como, por exemplo, o ar, a água dos rios ou dos mares, somente podem ser objeto de furto quando destacadas do local de origem e desde que estejam sendo exploradas por alguém, como no caso da água encanada.

Para que um objeto possa ser considerado "alheio", deve necessariamente ter dono.

As coisas que nunca tiveram dono, chamadas de *res nullius*, não podem ser objeto de furto. Exemplo: os peixes presentes em águas públicas.

As coisas abandonadas, denominadas *res derelicta*, também não podem ser furtadas, já que o próprio Código Civil ressalta que aquele que encontra coisa abandonada e dela se apodera passa a ser seu legítimo proprietário (p. ex., um animal abandonado, coisas velhas que foram jogadas pelo antigo dono etc.). Em suma, enquanto está abandonado, o bem não tem dono e, portanto, não é considerado coisa alheia. Se, todavia, alguém se apoderar de tal objeto, passará ele a ter um novo proprietário e voltará a ser passível de furto, até mesmo por parte do antigo dono.

As coisas perdidas (*res desperdicta*) têm dono, mas quem as encontra e delas se apodera não comete furto porque não há subtração na conduta de "encontrar" o objeto. Por isso, existe crime específico chamado apropriação de coisa achada, previsto no art. 169, parágrafo único, II, do Código Penal. É de se ressaltar, entretanto, que um objeto somente pode ser considerado tecnicamente perdido quando está em local público ou aberto ao público, como supermercados, ônibus, trens, estádios etc. Dessa forma, se o objeto está dentro da casa da vítima, mas ela não sabe onde o deixou, e algum amigo encontra o objeto sem a vítima notar e sai da casa levando o bem, comete crime de furto, porque, nesse caso, a coisa ainda estava dentro da esfera de vigilância da vítima e o agente dali a retirou, tendo havido, portanto, subtração.

O ser humano não é coisa e, por isso, não pode ser objeto de furto. Sua subtração pode caracterizar, entretanto, crime de outra espécie, como, por exemplo, sequestro, extorsão mediante sequestro, subtração de incapaz etc. Pela mesma razão, a subtração de parte de ser humano não constitui furto, ainda que haja interesse econômico, podendo caracterizar contravenção de vias de fato ou crime de lesão corporal (dependendo do entendimento adotado), como no caso do corte de cabelo sem autorização para venda a uma fábrica de perucas ou a salões que o utilizarão em alongamentos ou apliques, ou o crime do art. 14 da Lei dos Transplantes (Lei n. 9.434/97), se a subtração do órgão ou tecido humano for para fim de transplante. Por sua vez, objetos que os seres humanos utilizam para complementação estética ou auxílio de suas atividades, como perucas, dentaduras, pernas mecânicas, podem ser furtados.

A subtração de cadáver humano ou parte dele pode tipificar furto, desde que o corpo tenha dono, como, por exemplo, uma múmia pertencente a um museu ou um cadáver pertencente a uma faculdade de medicina para fim de estudo ou pesquisa. Fora dessa hipótese, o crime será o de subtração de cadáver ou parte dele, previsto no art. 211 do CP. A remoção não autorizada de órgão ou tecido de cadáver, logo após a morte, para fim de transplante também configura o crime do art. 14 da Lei dos Transplantes (Lei n. 9.434/97).

Em relação a objetos enterrados com o cadáver, como roupas, sapatos, dentes de ouro, anéis, existem duas correntes:

1ª) trata-se de crime de furto porque esses bens pertencem aos herdeiros do falecido e, por isso, constituem coisa alheia; além disso, por haver arrombamento da sepultura e do caixão, aplica-se a qualificadora do rompimento de obstáculo, que absorve o crime de violação de sepultura;

2ª) o crime é apenas o de violação de sepultura (art. 210 do CP), na medida em que tais objetos se equiparam a coisa abandonada por não haver intenção por parte dos sucessores em reavê-los, e, portanto, não são passíveis de furto. Preferimos esta orientação, pois os familiares não se sentem lesados em seu patrimônio, sentem-se desrespeitados, e o respeito aos mortos e ao sentimento dos respectivos familiares é justamente o objeto jurídico do crime de violação de sepultura.

d) Fim de assenhoreamento definitivo. Quando se estuda o elemento subjetivo do crime de furto é insuficiente dizer que ele é doloso. É necessário, ainda, lembrar que, para a caracterização dessa infração penal, o agente deve possuir a intenção específica de ter o objeto para si ou para terceiro de forma não transitória. É o que se chama de *animus rem sibi habendi*, que, em verdade, significa que o agente deve ter a intenção de não devolver o bem à vítima.

Assim, se o agente subtrai o objeto apenas para usá-lo momentaneamente e depois o devolve, não responde pelo crime, por ter havido mero furto de uso, que é atípico.

Para que exista o furto de uso são necessários dois requisitos:

– Requisito subjetivo: intenção, desde o início, de uso momentâneo da coisa subtraída. Se o agente a subtrai com ânimo de assenhoreamento definitivo e, depois da consumação do furto, arrepende-se e devolve-a à vítima, responde pelo crime de furto (com a pena reduzida de 1/3 a 2/3, pela presença do "arrependimento posterior", descrito no art. 16 do CP).

O uso deve ser momentâneo, isto é, por curto espaço de tempo. Não há, todavia, um prazo máximo aplicável a todos os casos, devendo o juiz avaliar a situação de acordo com as circunstâncias de cada acontecimento concreto. Na prática, tem-se admitido o furto de uso apenas por algumas horas (passeio não autorizado com veículo alheio) ou alguns poucos dias (empregada doméstica que leva uma roupa da patroa para usar no fim de semana). Havendo uso prolongado, o agente responde pelo crime.

Não existe furto de uso quando a intenção do sujeito é usar o bem alheio para fim ilícito, como, por exemplo, utilizar um carro para cometer um roubo a banco.

O furto de uso não se confunde com o estado de necessidade. Quando ocorre uma subtração com a finalidade de afastar perigo atual em relação a outro bem jurídico do agente ou de terceiro, configura-se o estado de necessidade. É o caso, por exemplo, de quem subtrai um carro para socorrer alguém que está acidentado, correndo risco de vida. No furto de uso, por sua vez, basta que o agente queira usar momentaneamente o bem alheio, sem que tenha consentimento do dono para tanto. Equivale a pegar um objeto emprestado sem pedir. Nesse caso, está ausente o "ânimo de assenhoreamento definitivo", e, assim, o fato é atípico. O furto de uso, portanto, não pressupõe qualquer situação de perigo.

– Requisito objetivo: restituição imediata e integral do objeto à vítima. De acordo com a doutrina, não basta a intenção de devolver, sendo necessária a efetiva devolução. Quando o agente abandona o bem em local diverso daquele em que houve o apoderamento, ele responde pela infração penal. Também responderá pelo delito se o bem for devolvido incompleto. Assim, quem se apodera de um veículo alheio e o restitui sem o estepe ou com muito menos combustível, responde pelo furto destes bens.

2. Sujeito ativo. Qualquer pessoa, exceto o dono da coisa, já que o tipo penal exige que esta seja "alheia".

Em razão disso, quem subtrai coisa própria que se encontra em poder de terceiro em razão de contrato ou de ordem judicial não comete furto, mas sim o crime previsto no art. 346 do CP. É o que ocorre, por exemplo, quando alguém faz um empréstimo e deixa algum objeto empenhado em poder do credor como garantia da dívida ("mútuo pignoratício"), e, posteriormente, o subtrai. É que, de acordo com as regras do Código Civil, o penhor não transfere a propriedade do bem ao credor, e, assim, não houve, por parte do devedor, a subtração de uma coisa alheia. Da mesma forma, se um objeto está em poder de um depositário judicial, e o seu dono o subtrai das mãos do depositário, não há furto, mas sim o mencionado delito do art. 346, que é uma modalidade (subtipo) do crime de exercício arbitrário das próprias razões.

Por sua vez, um credor que subtrai bem do devedor, a fim de se autorressarcir de dívida já vencida e não paga, comete o crime de exercício arbitrário das próprias razões em sua modalidade básica, prevista no art. 345 do CP, que é um delito contra a administração da justiça. Fica afastada nessa hipótese a incidência do crime de furto, pois sua existência pressupõe que o agente tenha intenção de se locupletar ilicitamente, o que não existe quando ela é apenas de autorressarcimento.

Quando uma pessoa, para "pregar uma peça" em um ladrão que é seu amigo, esconde a carteira deste dentro de uma bolsa que está em um vestiário do estabelecimento onde eles se encontram e o convence a ir ao vestiário subtrair a carteira, o fato é atípico, pois a carteira é do próprio agente, ainda que ele não saiba disso. Nesse caso estamos diante de crime putativo (imaginário, suposto), pois o sujeito imagina que está cometendo um crime, mas não está.

O funcionário público que subtrai ou concorre para que seja subtraído bem público ou particular que se encontra sob a guarda ou custódia da Administração, valendo-se de alguma facilidade proporcionada por seu cargo, comete crime de peculato-furto (art. 312, § 1º), que tem pena maior.

3. Sujeito passivo. É o dono do objeto. Além disso, o possuidor ou o detentor do bem também podem ser considerados vítimas se sofrerem prejuízo econômico em decorrência da subtração. Exemplo: subtração de veículo objeto de alienação fiduciária em que são vítimas a instituição financeira (dona do bem) e o possuidor direto que está em poder do veículo e pagando mensalmente as parcelas.

A vítima pode ser pessoa física ou jurídica.

Não importa se a posse é ilegítima. Por isso, comete crime o ladrão que furta objeto anteriormente furtado por outro ladrão. É que, neste caso, apesar de o objeto não pertencer ao primeiro furtador, é ele considerado coisa alheia em relação ao segundo. Em tal situação, a vítima é o efetivo proprietário do objeto, e não o primeiro ladrão. Este é um mero detentor do veículo que não sofreu efetivo prejuízo financeiro – já que havia furtado anteriormente o bem.

4. Absorção

a) Quando o agente entra na casa de alguém para furtar, o crime de violação de domicílio fica absorvido pelo furto (princípio da consunção, segundo o qual o crime-meio é absorvido pelo crime-fim).

b) Se o agente, após furtar, destrói o objeto, o crime de dano fica absorvido. Trata-se de *post factum* impunível, pois não há novo prejuízo à vítima.

c) E se, após furtar, o agente vende o objeto a terceiro de boa-fé?

Tecnicamente haveria dois crimes, pois existem duas vítimas diferentes, uma do furto e outra do crime de disposição de coisa alheia como própria (art. 171, § 2º, I, do CP). É o entendimento de Damásio de Jesus.

A jurisprudência, entretanto, por razões de política criminal, vem entendendo que o subtipo do estelionato fica absorvido, pois com a venda o agente estaria apenas fazendo lucro em relação aos objetos subtraídos.

5. Consumação. Existem várias teorias acerca do momento consumativo do furto, tendo sido adotada a chamada teoria da "inversão da posse" ou *amotio*.

Durante muito tempo, a doutrina e a jurisprudência entenderam que essa inversão da posse pressupunha que o bem fosse tirado da esfera de vigilância da vítima e o agente obtivesse, ainda que por pouco tempo, sua posse tranquila. De alguns anos para cá, todavia, os tribunais superiores modificaram tal entendimento e passaram a definir que o furto se consuma no momento em que cessa a clandestinidade por parte do agente, sendo desnecessária a posse mansa e pacífica e a retirada da esfera de vigilância da vítima. Entende-se que cessa a clandestinidade quando o agente consegue deslocar o bem do local onde se encontrava, ainda que seja ele imediatamente perseguido e preso. Em novembro de 2015, a 3ª Seção do STJ, confirmando tal entendimento, aprovou a tese n. 934, em sede de recursos repetitivos, segundo a qual, "consuma-se o crime de furto com a posse de fato da *res* furtiva, ainda que por breve espaço de tempo e seguida de perseguição ao agente, sendo prescindível a posse mansa e pacífica ou desvigiada".

Vejamos algumas situações:

Se o agente inicia a execução do furto, mas é preso antes mesmo de se apoderar do bem, o crime é tentado. Exemplo: quebrar o vidro de um carro, com dolo de furtar o toca-CD, mas ser preso antes de conseguir retirá-lo do painel. Em razão do dolo de furtar, ele responde por tentativa de furto qualificado e não por mero crime de dano.

Na hipótese de o sujeito já se ter apossado do bem, mas ser preso antes de conseguir deixar o local, haverá também tentativa. Exemplo: o sujeito entra na casa da vítima, apossa-se de um aparelho de som, mas é preso pela polícia no quintal da residência.

Por sua vez, nos casos em que se inicia uma perseguição imediata, logo depois que o agente se apossa do bem da vítima, como, por exemplo, quando ele sai correndo depois de pegar uma bolsa e um policial presencia o fato e sai correndo atrás e consegue prendê-lo em flagrante e devolver todos os bens para a vítima, o entendimento atual, pacificado nos tribunais superiores, é o de que o furto está consumado. É preciso lembrar, entretanto, que durante longo período a jurisprudência nacional entendeu que, em tal caso, o crime seria tentado, por não ter o agente obtido a posse tranquila do bem.

Também se considera consumado o furto quando o agente leva o bem e não há perseguição imediata. É o que ocorre, por exemplo, quando o agente leva o carro da vítima e esta, posteriormente, entra em contato telefônico com a polícia. A viatura, então, vai até a casa dela e saem todos dando buscas pelas redondezas quando conseguem encontrar o furtador com o veículo. Considera-se, nesse caso, que o agente chegou até mesmo a ter a posse tranquila do bem entre o momento do apoderamento e o da sua localização e prisão.

Há casos, também, em que o furto deve ser reconhecido como consumado ainda que o ladrão e o bem permaneçam no âmbito patrimonial do lesado. É, por exemplo, o caso de empregada doméstica que se apodera de uma joia da patroa e a esconde em um local da casa, para depois, sem despertar suspeitas, transportá-la para outro lugar. Neste caso, ainda que a joia seja recuperada antes de ser tirada da casa, é necessário que se reconheça que desapareceu, por parte da vítima, mesmo que momentaneamente, a possibilidade de exercer seu poder de livre disposição sobre a coisa, e o crime, portanto, consumou-se.

O furto é crime material.

6. Tentativa. É possível em todas as modalidades de furto (simples, privilegiado e qualificado).

Deve-se ressaltar que a ocorrência de prisão em flagrante não implica necessariamente o reconhecimento da forma tentada do crime de furto. Exs.: **a)** o furtador sai correndo do local com bens subtraídos e é perseguido imediatamente e alcançado, sendo os bens devolvidos. O furto está consumado, conforme explicado anteriormente, e o flagrante é possível (art. 302, III, do CPP); **b)** o furtador sai do local com o objeto furtado sem ser perseguido e é encontrado algum tempo depois pela polícia em posse do bem. O furto está igualmente consumado e o flagrante é possível (art. 302, IV, do CPP – flagrante ficto ou presumido).

Há, por sua vez, forte divergência na doutrina acerca da consequência jurídica em relação à hipótese em que o agente põe em execução o crime, abrindo a bolsa da vítima por exemplo, mas nada consegue subtrair porque ela havia deixado todos os seus pertences em casa. Damásio de Jesus e Celso Delmanto entendem haver crime impossível por absoluta impropriedade do objeto. Nélson Hungria e Heleno C. Fragoso acreditam que há tentativa de furto, já que a ausência do objeto é meramente ocasional, casual, transitória, sendo, pois, relativa a impropriedade do objeto.

Não se pode reconhecer o crime impossível por absoluta ineficácia do meio quando o agente é preso em decorrência de dispositivos antifurto ou de acompanhamento de sua conduta por seguranças de estabelecimento comercial ou de câmeras, porque, nesses casos, a ineficácia não é absoluta, pois bastaria o agente, por exemplo, sair correndo ou entrar em luta corporal com o segurança para ser viável a consumação. O mesmo ocorre quando alguém tenta furtar um carro e não consegue levá-lo porque ele é dotado de alarme ou corta-combustível, pois veículo não é objeto inidôneo para ser furtado, e o autor do delito poderia ter conseguido desarmar o alarme ou levar o automóvel de alguma outra forma (empurrando, guinchando etc.). Assim, não há impropriedade absoluta, mas sim relativa, e o agente responde por tentativa de furto.

As Cortes Superiores também têm tal entendimento, argumentando que não existe sistema de segurança totalmente eficaz, razão pela qual sempre se mostra possível a consumação, o que inviabiliza o reconhecimento do crime impossível. O Superior Tribunal de Justiça aprovou a Súmula 567 nesse sentido: "sistema de vigilância realizado por monitoramento eletrônico ou por existência de segurança no interior de estabelecimento comercial, por si só, não torna impossível a configuração do crime de furto". O agente, portanto, responde pela infração penal.

7. Furto famélico. É o furto praticado por quem, em estado de extrema penúria, é impelido pela fome a subtrair alimentos ou animais para poder se alimentar ou alimentar seus familiares. Não há crime nesse caso, pois o sujeito atuou sob a excludente do estado de necessidade.

1.1. FURTO NOTURNO

> Art. 155, § 1º – A pena aumenta-se de um terço, se o crime é praticado durante o repouso noturno.

Trata-se de causa de aumento de pena (majorante).

Repouso noturno é o período em que as pessoas de uma certa localidade descansam, dormem, devendo a análise ser feita de acordo com as características da região (rural, urbana etc.). Assim, para que o aumento seja aplicado, o crime deve ter sido praticado durante tal período de repouso, não bastando, pois, que o fato ocorra à noite.

Em se tratando de norma que agrava a pena, não se admite analogia para abranger furtos cometidos contra pessoas que estão repousando pela manhã ou à tarde.

É majoritário o entendimento de que o aumento não incide quando o crime ocorre em locais que não são próprios para o repouso noturno, como em estabelecimentos comerciais abertos, bares, restaurantes, na rua, em ônibus etc. Por essa razão, não se aplica o aumento nos casos de furto de veículo estacionado na rua, ainda que o fato ocorra de madrugada.

Na prática, o aumento incide quando o furto ocorre em casa ou em algum de seus compartimentos externos (garagem, quintal, varanda, terraço etc.), ou em estabelecimentos comerciais que estejam fechados durante a madrugada.

Existe, por sua vez, divergência para a hipótese em que o furto ocorre em casa em que não há moradores repousando no momento do delito, como acontece em casas desabitadas, ou de veraneio, na ausência dos donos, ou que estejam vazias em razão de viagem do proprietário etc. Para alguns, a expressão "repouso noturno" refere-se ao sono dos próprios moradores, e, assim, na ausência deles, o aumento não pode incidir. Para outros, a expressão refere-se ao sono da vizinhança, de modo que, ainda que não haja ninguém na casa furtada, o aumento será aplicado. Este último entendimento pacificou-se no STJ.

Sempre prevaleceu o entendimento de que esta majorante somente se aplica ao furto simples. Seria incabível às formas qualificadas de furto porque estão previstas em dispositivos posteriores (§§ 4º e 5º) e porque já possuem pena maior em abstrato. O argumento principal, todavia, era o de que a agravação seria desproporcional no caso do furto qualificado, porque o dispositivo prevê acréscimo fixo de 1/3 da pena pelo fato de o delito ocorrer durante o repouso noturno. Assim, no furto simples, o aumento mínimo acabaria sendo de 4 meses (pena mínima de 1 ano aumentada de 1/3), enquanto, se fosse possível sua incidência no delito qualificado, a mesma circunstância – crime durante o repouso noturno – geraria um aumento mínimo de 8 meses (pena mínima de 2 anos do crime qualificado aumentada em 1/3). A doutrina é praticamente unânime nesse sentido. No mesmo sentido: STJ – REsp 940.245/RS – Rel. Min. Felix Fischer – 5ª Turma – julgado em 13-12-2007, *DJe* 10-3-2008); STJ – HC 10.240/RS – Rel. Min. Fernando Gonçalves – 6ª Turma – julgado em 21-10-1999, *DJ* 14-2-2000, p. 79.

Acontece que as Cortes Superiores passaram a entender que a posição dos parágrafos não impede a aplicação do privilégio (§ 2º) ao crime de furto qualificado (§ 4º) – ver tópico seguinte. Em razão disso, vários julgados recentes do Superior Tribunal de Justiça passaram a admitir a incidência do aumento decorrente do furto noturno às figuras qualificadas: "A causa de aumento prevista no § 1º do artigo 155 do Código Penal, que se refere à prática do crime durante o repouso noturno – em que há maior possibilidade de êxito na empreitada criminosa em razão da menor vigilância do bem, mais vulnerável à subtração –, é aplicável tanto na forma simples como na qualificada do delito de furto" (STJ – AgRg no REsp 1658584/MG, Rel. Min. Maria Thereza de Assis Moura, 6ª Turma, julgado em 25-4-2017, *DJe* 3-5-2017). No mesmo sentido: STJ – REsp 1624292/SC, Rel. Min. Felix Fischer, 5ª Turma, julgado em 18-4-2017, *DJe* 28-4-2017; STJ – HC 384.864/RJ, Rel. Min. Ribeiro Dantas, 5ª Turma, julgado em 21-3-2017, *DJe* 27-3-2017.

1.2. FURTO PRIVILEGIADO

Art. 155, § 2º – Se o criminoso é primário, e é de pequeno valor a coisa furtada, o juiz pode substituir a pena de reclusão pela de detenção, diminuí-la de um a dois terços, ou aplicar somente a pena de multa.

Requisitos:

1) O agente deve ser primário. O Código Penal não define primariedade, sendo, pois, de se considerar primário todo aquele que não é reincidente.

Há, entretanto, alguns julgados exigindo que, além de primário, seja o réu portador de bons antecedentes. Essa exigência, todavia, não consta do texto da lei e deve, pois, ser afastada, uma vez que, em normas de caráter benéfico, não é dado ao intérprete exigir requisitos que não constem do texto legal.

A condenação anterior por contravenção penal não retira a primariedade para quem posteriormente comete um furto e, portanto, não impede o privilégio.

2) A coisa subtraída deve ser de pequeno valor. Adotou-se um critério objetivo quanto ao conceito de coisa de pequeno valor, considerando-se como tal aquela que não excede a um salário mínimo. Não se deve, assim, comparar o valor do objeto furtado com a situação financeira da vítima, pois, caso contrário, o furto de um carro pertencente a um bilionário acabaria sendo considerado subtração de coisa de pequeno valor.

Para se saber o valor do objeto é necessária uma avaliação formal, realizada por peritos, da qual será lavrado um auto e juntado ao inquérito.

É amplamente predominante o entendimento de que deve ser analisado o valor do objeto por ocasião da subtração e não o efetivo prejuízo da vítima em caso de eventual recuperação do bem. A lei, aliás, é expressa em exigir "pequeno valor da coisa furtada", ao contrário do que ocorre no estelionato privilegiado (CP, art. 171, § 1º), em que menciona "pequeno prejuízo".

No caso de tentativa de furto, deve-se levar em conta o valor do objeto que o agente pretendia subtrair.

Com o reconhecimento do privilégio, o Código Penal permite que o magistrado tome uma das seguintes providências:

a) substitua a pena de reclusão por detenção;

b) diminua a pena privativa de liberdade de um a dois terços;

c) aplique somente a pena de multa.

Apenas as hipóteses a e b podem ser cumuladas, em razão de serem as duas únicas que não são incompatíveis.

Apesar de a lei dizer que o juiz "pode" tomar uma das três atitudes previstas na lei, é pacífico que, uma vez presentes os requisitos legais, a aplicação do privilégio é obrigatória, já que se trata de direito subjetivo do réu.

Há, por sua vez, sérias divergências acerca da possibilidade de aplicação do privilégio ao furto qualificado. Durante muito tempo foi majoritária a opinião no sentido de que ela não era possível porque a gravidade desse delito seria incompatível com as consequências muito brandas do privilégio. Além disso, a posição geográfica dos parágrafos (o privilégio no § 2º, anterior às qualificadoras dos §§ 4º e 5º) indicaria a intenção do legislador de que o privilégio somente fosse aplicado ao furto simples e noturno. Este entendimento era pacífico no STJ e amplamente dominante na doutrina.

Em sentido contrário existe a interpretação de que os institutos podem ser aplicados conjuntamente, sob o argumento de que a lei penal não veda expressamente tal hipótese. Este entendimento, contrariando o que vinha ocorrendo há décadas, acabou sendo pacificado a partir do ano de 2009 por inúmeros julgados do Supremo Tribunal Federal, que acabaram sendo posteriormente adotados também pelo STJ que, no ano de 2014 aprovou a Súmula 511 com o seguinte teor: "é possível o reconhecimento do privilégio previsto no § 2º do art. 155 CP nos casos de furto qualificado, se estiverem presentes a primariedade do agente, o pequeno valor da coisa e a qualificadora for de ordem objetiva". De acordo com essa súmula o privilégio não é aplicável à qualificadora do abuso de confiança – única considerada de caráter subjetivo no crime de furto.

Em suma, o entendimento atual pacificado nos tribunais superiores é o de que é viável o furto qualificado e privilegiado.

Não se pode confundir o privilégio, em que existe condenação do réu com uma pena abrandada, com o princípio da insignificância, em que não se reconhece a existência de justa causa para a propositura da ação penal em virtude de não haver interesse na movimentação da máquina judiciária, por ser a lesão ao bem jurídico (patrimônio) irrisória, ínfima, como na subtração de uma folha, de uma rosa, de um alfinete etc. É o chamado furto de bagatela, cuja consequência é a atipicidade da conduta. O STF aponta que para a aplicação do princípio da insignificância são necessários os seguintes requisitos: a) mínima ofensividade da conduta do agente; b) nenhuma periculosidade social da ação; c) reduzidíssimo grau de reprovabilidade do comportamento; e d) inexpressividade da lesão jurídica provocada. Em suma, não é apenas o valor do bem que deve ser levado em conta, mas também a gravidade da conduta. Por essa razão a aplicação do princípio da insignificância tem sido negada em casos de furto qualificado, de réu reincidente, de crime cometido contra pessoa idosa ou contra criança etc. No que diz respeito ao valor dos bens, o STJ firmou entendimento no sentido de que a aplicação do princípio da insignificância só é possível se o valor dos bens não superar 10% do salário mínimo. Há, porém, alguns julgados do STF aplicando o princípio em casos em que o valor chega a 20% do salário mínimo ou pouco mais.

Saliente-se, ainda, que, apesar do valor econômico irrisório, o fato constituirá crime se o bem tiver valor afetivo (uma fotografia, uma lembrança etc.). Esta é também a opinião de Damásio de Jesus, Magalhães Noronha e Júlio F. Mirabete.

1.3. FURTO QUALIFICADO

As qualificadoras atualmente estão previstas nos §§ 4º, 5º e 6º do art. 155 do Código Penal.

No § 4º, há quatro incisos tratando das qualificadoras, sendo a pena, em todos eles, de reclusão, de dois a oito anos, e multa. Se forem reconhecidas duas ou mais qualificadoras, uma servirá para qualificar o furto e as demais serão aplicadas como circunstância judicial (art. 59 do CP).

> Art. 155, § 4º – A pena é de reclusão de dois a oito anos, e multa, se o crime é cometido:
>
> I – com destruição ou rompimento de obstáculo à subtração da coisa.

Como exemplos mais corriqueiros devem ser lembrados o arrombamento de trincos, portas, fechaduras ou cofres, a destruição de janelas, a colocação de explosivos em caixas eletrônicos etc. Estes são os chamados obstáculos passivos, mas também estão abrangidos pela qualificadora os ativos, como as cercas eletrificadas e os alarmes, desde que sejam desarmados de forma violenta ou destruídos. O simples fato de desligar um alarme, em seu próprio interruptor, não configura, todavia, essa qualificadora, pois, nesse caso, não há rompimento ou destruição.

A doutrina costuma salientar que cão de guarda não constitui obstáculo no sentido técnico da palavra, de modo que a sua morte para viabilizar um furto configuraria crime de dano em concurso material com o furto. O texto legal, entretanto, não fez qualquer ressalva, e, portanto, não se pode negar o caráter de "obstáculo" (algo que dificulta o acesso ao bem pretendido pelo ladrão) ao cão de guarda.

A simples remoção de obstáculo, como desparafusar janela ou retirar telhas, não qualifica o crime no inciso I, já que não há rompimento ou destruição. Só se mostra qualificado o delito quando o obstáculo é danificado. No ato de romper, o dano é parcial (arrombamento de uma porta, p. ex.), enquanto no ato de destruir, o dano é total (quebrar um vidro de uma janela, p. ex.).

Lembre-se, ainda, que, de acordo com o texto legal, é necessário que a conduta atinja algum obstáculo que não seja parte integrante do próprio bem subtraído. É o que ocorre, por exemplo, quando o agente arromba um cofre para furtar o dinheiro que está em seu interior, quando arromba a porta ou a janela de uma casa para furtar a televisão que está na sala, quando arromba o portão da garagem para furtar o carro etc. No entanto, não se aplica a qualificadora quando o obstáculo atingido é parte integrante do bem furtado, como, por exemplo, quando se arromba a porta de um carro para subtrair o próprio veículo. Neste caso, o prejuízo da vítima é um só – o valor total do carro furtado. Pode parecer injusto, mas, na prática, se o agente quebra o vidro de um carro para furtar uma bolsa que está sobre o banco ou o toca-CD do painel, o furto é qualificado, conforme entendimento pacífico dos tribunais superiores – em tal hipótese, todavia, o crime poderá ser também privilegiado (se o réu for primário e o valor do objeto subtraído não exceder um salário mínimo).

A qualificadora prevista no inciso I somente tem vez quando o rompimento/destruição ocorre antes ou durante a consumação do furto, ou seja, quando funciona como meio para a subtração do bem. Por isso, o crime de dano fica absorvido. Por outro lado, se, depois de consumado o crime, o agente quebrar uma janela, sem que isso tenha sido necessário para a consumação do delito, responderá por furto simples e crime de dano, em concurso material.

O art. 171 do CPP trata expressamente desta modalidade de furto qualificado exigindo a realização de perícia no obstáculo para a constatação dos vestígios (danos) nele deixados. Saliente-se, apenas, que, se os vestígios tiverem desaparecido de forma a impossibilitar a perícia, a prova testemunhal poderá supri-la (art. 167 do CPP). A jurisprudência entende, entretanto, que a prova testemunhal não pode suprir a falta da perícia quando a responsabilidade por sua não realização for das autoridades responsáveis pela investigação. Ex.: delegado de polícia que se esquece de requisitar a perícia que ainda poderia ser feita naquele momento.

Art. 155, § 4º, II (1ª hipótese) – com **abuso de confiança**, ou mediante fraude, escalada ou destreza.

Essa qualificadora pressupõe dois requisitos:

a) Que a vítima, por algum motivo, deposite especial confiança no agente (amizade, parentesco, relações profissionais etc.).

A mera relação empregatícia, por si só, não configura essa especial situação de confiança. Depende, pois, do caso concreto, uma vez que determinados empregos não pressupõem qualquer espécie de relacionamento ou contato entre patrão e empregado. O furto cometido pelo empregado contra o patrão é chamado de famulato.

Até mesmo para os empregados domésticos a jurisprudência vem exigindo a demonstração de que, em virtude da confiança diferenciada naquele empregado específico, o patrão dispensava menor vigilância sobre seus pertences.

b) Que o agente se aproveite de alguma facilidade decorrente dessa confiança para executar a subtração.

Assim, se, não obstante a relação de confiança, o agente pratica o furto de uma maneira que qualquer outra pessoa poderia tê-lo cometido, não haverá a qualificadora.

Essa modalidade de furto qualificado tem um aspecto em comum com o crime de apropriação indébita, já que em ambos ocorre uma quebra da confiança que a vítima deposita no agente. A diferença entre essas infrações penais, todavia, é clara, já que, no furto, o agente retira objetos da vítima aproveitando-se da menor vigilância dispensada em razão da confiança, enquanto na apropriação indébita a própria vítima, por ter certa confiança no agente, entrega-lhe o bem, e ele não o devolve.

> Art. 155, § 4º, II (2ª hipótese) – com abuso de confiança, ou mediante **fraude**, escalada ou destreza.

Fraude é qualquer artimanha ou meio enganoso usado pelo agente para viabilizar uma subtração. Exs.: **a)** duas pessoas entram em uma loja e, enquanto uma delas desvia a atenção do vendedor com falso interesse em certo objeto, a outra esconde mercadorias em uma sacola e as leva embora; **b)** agente que veste uniforme de empresa prestadora de serviço telefônico e, a pretexto de efetuar conserto, consegue ingressar em residência alheia e ali cometer um furto; **c)** pessoa telefona para a casa da vítima solicitando sua presença em determinado hospital, pois um parente teria se acidentado e, no momento em que ela sai de casa, o agente se aproveita para nela ingressar e praticar o delito etc.

O furto mediante fraude não se confunde com o estelionato. Naquele, a fraude visa diminuir a vigilância da vítima e possibilitar a subtração. No estelionato, a fraude visa fazer com que a vítima incida em erro e entregue espontaneamente o objeto ao agente. Observação: Se o agente emprega fraude para convencer a vítima a lhe entregar uma posse vigiada e, posteriormente, o agente tira o bem do local sem autorização, o crime é o de furto mediante fraude. Lembre-se de que retirar o bem da esfera de vigilância constitui ato de subtração. Assim, só há estelionato quando a vítima entrega o bem ao agente e o autoriza a deixar o recinto em sua posse. Há, portanto, crime de estelionato se uma pessoa faz compras com um cheque clonado e recebe as mercadorias do vendedor (existe autorização para deixar a loja com as compras). Ao contrário, se o agente finge ser um policial civil e pede para ver determinado produto em uma loja (um relógio caríssimo que está trancado na vitrine), mentindo que há notícia de que tal relógio é falsificado e, ao receber a posse do relógio, sai correndo de dentro do estabelecimento, o crime é o de furto mediante fraude.

As Cortes Superiores vêm entendendo que existe furto mediante fraude na hipótese em que alguém, fingindo-se interessado na aquisição de um veículo, pede para experimentá-lo e desaparece com ele, sob o argumento de que essa posse era precária, vigiada. O mesmo entendimento se aplica para a hipótese em que alguém finge ser manobrista de um restaurante e recebe as chaves do carro do cliente para estacioná-lo, mas some com ele.

Quando um *hacker* após criar um site falso de um banco consegue obter o número da conta corrente e da senha bancária da vítima e com esses dados faz transferências não autorizadas de valores, o crime é o de furto qualificado porque os valores foram retirados da conta sem o conhecimento da vítima.

> Art. 155, § 4º, II (3ª hipótese) – com abuso de confiança, ou mediante fraude, **escalada** ou destreza.

Escalada é a utilização de via anormal para ingressar no local onde o furto será praticado.

Para a configuração dessa qualificadora exige-se que o agente tenha feito uso de instrumentos, como cordas, escadas ou que tenha necessitado fazer um grande esforço para adentrar o local (transpor um muro alto, entrar por uma janela elevada, ingressar pelo telhado etc.). Por isso, quem consegue ingressar no local do crime pulando um muro baixo ou uma janela térrea não incide na forma qualificada.

O art. 171 do CPP exige a realização de perícia para constatar a forma como se deu a escalada.

A escavação de túnel é utilização de via anormal para ingressar no *locus delicti* e, assim, tipifica o crime qualificado.

> Art. 155, § 4º, II (4ª hipótese) – com abuso de confiança, ou mediante fraude, escalada ou **destreza**.

Destreza é a habilidade física ou manual que permite ao agente executar uma subtração sem que a vítima perceba que está sendo despojada de bens que traz consigo. O autor deste tipo de delito é conhecido como "batedor de carteira" ou punguista.

Essa qualificadora apenas tem aplicação quando a vítima traz seus pertences junto a si, pois apenas nesse caso é que a destreza tem relevância (no bolso do paletó, em uma bolsa, um anel, um colar etc.).

Se a vítima, no caso concreto, percebe a conduta do agente, não tem aplicação a qualificadora, pois não ficou demonstrada a especial habilidade do agente. Nesse caso, há tentativa de furto simples. Por outro lado, se a conduta do agente é vista por terceiro, que impede a subtração sem que a vítima perceba o ato, há tentativa de furto qualificado.

Se a subtração é feita em pessoa que está dormindo ou encontra-se embriagada, existe apenas furto simples, pois não é necessária habilidade para tal subtração.

Art. 155, § 4º, III – com emprego de chave falsa.

Consideram-se chave falsa:

a) a imitação da verdadeira, obtida de forma clandestina (cópia feita sem autorização, sem o conhecimento do dono); assim, se um empregado pega a chave verdadeira da porta da casa do patrão e vai até um chaveiro fazer uma cópia, sem o dono saber, e depois usa essa chave para cometer um furto no fim de semana, quando o patrão está viajando, o crime é qualificado;
b) qualquer outro instrumento, com ou sem formato de chave, capaz de abrir a fechadura sem arrombá-la; abrange os instrumentos que têm outra finalidade mas que podem também abrir a fechadura, como grampos, *clips*, chaves de fenda, e, principalmente, aqueles que os próprios ladrões confeccionam para servir especificamente como chave falsa e que são conhecidos como mixas ou gazuas.

A utilização da chave verdadeira, obtida mediante fraude, não caracteriza a qualificadora do emprego de chave falsa e sim a qualificadora referente à fraude. Se um hóspede de hotel deixar a chave do quarto na portaria e, algum tempo depois, outra pessoa pedir a chave dizendo ser o hóspede, conseguindo enganar o funcionário do hotel, e, com a chave verdadeira, abrir a porta do quarto e furtar a mala do hóspede, o crime será de furto mediante fraude. O crime é de furto e não de estelionato porque o objeto material do crime é a mala que foi subtraída do hóspede, e não a chave que foi entregue ao agente. Esta é apenas o instrumento do crime.

Prevalece, por sua vez, a opinião de que não se aplica a qualificadora do uso de chave falsa na chamada "ligação direta" mediante junção de fios elétricos sob o painel do carro, já que, quando isso ocorre, não há emprego de qualquer objeto sobre o ponto de ignição específico do veículo.

Art. 155, § 4º, IV – mediante concurso de duas ou mais pessoas.

A qualificadora é cabível ainda que um dos envolvidos seja menor de idade ou apenas um deles tenha sido identificado em razão da fuga dos demais do local.

Divergem a doutrina e a jurisprudência acerca da necessidade da presença de duas ou mais pessoas no local do crime praticando os próprios atos de execução do furto. Nélson Hungria e Celso Delmanto entendem que a qualificadora somente se aplica quando há pelo menos duas pessoas executando diretamente a subtração, pois apenas nesse caso o furto é cometido com maior facilidade, de forma a dificultar eventual defesa da vítima sobre seu patrimônio. De outro lado, Damásio de Jesus e H. Fragoso interpretam que a qualificadora atinge todas as pessoas envolvidas na infração penal, ainda que não tenham praticado atos executórios e mesmo que uma só tenha estado no *locus delicti*. Tal entendimento prende-se ao fato de a lei utilizar a expressão "concurso de duas ou mais pessoas", que, por não fazer qualquer distinção, abrange tanto a coautoria quanto a participação, sendo que, nesta última, o agente não pratica atos executórios. Além disso, quando o legislador quer exigir a execução por todos os envolvidos utiliza outras expressões, como, por exemplo, no art. 146, § 1º, do Código Penal, que estabelece que as penas do crime de constrangimento ilegal devem ser aplicadas cumulativamente e em dobro "quando, para a execução do crime, se reúnem mais de três pessoas". Este último entendimento prevalece plenamente na jurisprudência.

No art. 288 do Código Penal, com a redação dada pela Lei n. 12.850/2013, está previsto o delito de associação criminosa, que tem como pressuposto uma associação estável de pelo menos três pessoas com o fim de cometer crimes reiteradamente. Esse crime é formal e consuma-se com o mero acordo de vontades entre seus integrantes, mesmo que não consigam executar qualquer delito. Se, por outro lado, os integrantes conseguirem praticar algumas infrações penais para as quais se uniram, responderão pelo crime de associação e pelos delitos efetivamente cometidos, em concurso material. Dessa forma, se os membros do grupo vierem a cometer furtos, responderão pelo delito de associação e pelos furtos por eles praticados. Para alguns, haverá associação criminosa em concurso material com furto simples porque a aplicação da qualificadora seria *bis in idem*. Para outros, eles respondem por associação criminosa e por furto qualificado porque a associação é crime de perigo – contra a coletividade – decorrente da união de pessoas para prática de crimes indeterminados, enquanto a qualificadora tem como fundamento a maior gravidade da conduta contra a vítima do caso concreto, que encontra maior dificuldade na defesa de seu patrimônio quando este é atacado por pessoas em grupo. Este é o entendimento adotado no Supremo Tribunal Federal e no Superior Tribunal de Justiça.

Observação: antes do advento da Lei n. 12.850/2013, o crime previsto no art. 288 do Código Penal chamava-se "quadrilha ou bando" e exigia o envolvimento mínimo de quatro pessoas.

Há alguns anos alguns defensores passaram a alegar que a qualificadora em análise, se aplicada na forma como prevista no Código, afrontaria o princípio da proporcionalidade, uma vez que, no crime de roubo, o concurso de agentes faz apenas com que a pena seja aumentada em um terço até metade (art. 157, § 2º, I), enquanto no furto, o reconhecimento da qualificadora faz com que a pena acabe sendo o dobro daquela prevista para o crime simples. Com esse fundamento, passaram a defender que, também no furto qualificado, deveria ser aplicado o aumento de um terço até metade. Tal entendimento, evidentemente, não vingou, na medida em que o Poder Legislativo pode prever gravames distintos para cada tipo de infração penal. Ademais, considerando que a pena em abstrato do roubo é muito maior que a do furto, conclui-se que, em termos práticos, o aumento de um terço é maior do que a duplicação da pena do furto, e daí a distinção feita pelo legislador. De qualquer forma, o Superior Tribunal de Justiça, rechaçando a tese, publicou a Súmula 442 nos seguintes termos: "é inadmissível aplicar, no furto qualificado, pelo concurso de agentes, a majorante do roubo".

Art. 155, § 5º – A pena é de reclusão de três a oito anos, se a subtração for de veículo automotor que venha a ser transportado para outro Estado ou para o exterior.

Esse parágrafo foi inserido no Código Penal pela Lei n. 9.426/96. Trata-se de qualificadora que, ao contrário de todas as demais, não se refere ao meio de execução do furto, mas sim a um resultado posterior, qual seja o transporte do veículo automotor para outro Estado da Federação ou para outro país.

A qualificadora somente se aperfeiçoa quando o veículo automotor efetivamente transpõe a divisa com outro Estado ou a fronteira com outro país. Tal conclusão decorre da forma como foi redigido o dispositivo que vincula o agravamento da pena ao resultado. Veja-se que, se o agente conseguir consumar o furto, mas for detido antes de conseguir chegar em outro Estado ou país, responderá por furto consumado (simples ou qualificado por alguma das hipóteses do § 4º do art. 155 do CP, dependendo do caso), mas nunca por tentativa de furto qualificado pelo § 5º, porque não se pode cogitar de tentativa em uma hipótese em que a subtração já se consumou.

Se o agente, estando próximo da divisa, subtrair um veículo e for imediatamente perseguido, vindo a cruzar o marco divisório entre os Estados, mas acabar preso, responderá por crime consumado de acordo com o atual entendimento dos tribunais superiores no sentido de que o furto não exige para sua consumação a posse mansa e pacífica do bem.

Para que se aplique a qualificadora do § 5º é necessário que exista essa intenção de transportar o veículo para outro Estado ou para o exterior desde o instante da subtração. Assim, se alguém furta um carro, fica com ele em seu poder e, anos depois, resolve fazer uma viagem com a família para outro Estado, não incide o dispositivo.

Uma pessoa que não teve qualquer participação anterior no furto e que é contratada posteriormente apenas para efetivar o transporte responde por crime de receptação, e não pelo furto qualificado, que somente existirá para os responsáveis pela subtração.

A qualificadora tem aplicação no furto de qualquer veículo automotor – automóvel, motocicleta, trator, caminhão, *van* etc. – desde que ele seja levado para outro Estado ou país.

O reconhecimento da qualificadora em estudo afasta a aplicação das qualificadoras do § 4º, já que o delito é um só, e as penas previstas em abstrato são diversas. É claro, entretanto, que as qualificadoras do § 4º, por se referirem ao meio de execução do delito, poderão ser apreciadas como circunstâncias judiciais na fixação da pena-base (art. 59 do CP).

Na forma qualificada do § 5º não há previsão de aplicação cumulativa da pena de multa.

> Art. 155, § 6º – A pena é de reclusão de dois a cinco anos se a subtração for de semovente domesticável de produção, ainda que abatido ou dividido em partes no local da subtração.

Essa forma qualificada do crime de furto foi introduzida no Código Penal pela Lei n. 13.330/2016 e pune a subtração de animais domesticáveis de produção (boi, porco, cabra, ovelha, galinha etc.). De acordo com o dispositivo, não desnatura a qualificadora o fato de o animal ser abatido ou dividido em partes no próprio local. Não configura a modalidade qualificada, todavia, a subtração de animais já abatidos, por exemplo, do interior de um frigorífico ou açougue.

É bastante comum a prática dessa modalidade de delito mediante concurso de pessoas e rompimento de obstáculo (destruição de cerca, por exemplo). Nesses casos, estariam presentes figuras qualificadas do § 4º do art. 155 e também deste § 6º. Veja-se, entretanto, que a pena do § 4º prevalece – por ser maior.

O fato de ter se tornado modalidade qualificada do delito não impede o reconhecimento do furto famélico quando ocorrer, por exemplo, a subtração de uma galinha para saciar a própria fome.

1.4. FURTO DE COISA COMUM

> Art. 156 – Subtrair o condômino, coerdeiro ou sócio, para si ou para outrem, a quem legitimamente a detém, a coisa comum:
>
> Pena – detenção, de seis meses a dois anos, ou multa.
>
> § 1º – Somente se procede mediante representação.

Trata-se de infração penal que possui basicamente as mesmas características do furto, uma vez que o núcleo do tipo também é "subtrair".

Por isso, aplica-se tudo o que foi mencionado em relação ao furto do art. 155 do Código Penal, no que diz respeito ao momento consumativo, tentativa, elemento subjetivo etc.

Já em relação ao sujeito ativo, temos de ressaltar que se trata de crime próprio, pois somente pode ser cometido pelo condômino, coerdeiro ou sócio. Em relação a este último, diverge a doutrina acerca da possibilidade de aplicação do art. 156 do estatuto penal ao sócio de sociedade com personalidade jurídica. Nélson Hungria e Damásio de Jesus admitem-na, sob o argumento de que a lei não faz qualquer distinção. Magalhães Noronha e H. Fragoso, todavia, entendem que, nessa hipótese, o delito seria o de furto comum, uma vez que o patrimônio da pessoa jurídica é diverso do de seus proprietários.

Sujeito passivo é o outro condômino, coerdeiro, sócio ou ainda qualquer terceira pessoa que legitimamente detenha a coisa. Se a detenção, entretanto, não for legítima, o fato será atípico.

O objeto material dessa infração penal pode ser somente a coisa comum.

A ação penal é pública condicionada à representação.

> Art. 156, § 2º – Não é punível a subtração de coisa comum fungível, cujo valor não excede a quota a que tem direito o agente.

Coisa fungível é aquela que pode ser substituída por outra da mesma espécie, quantidade e qualidade.

Para que fique afastada a ilicitude é necessário que a subtração perpetrada pelo agente seja de coisa fungível que não ultrapasse o valor de sua quota-parte. Assim, caso estejam presentes esses dois requisitos, estará afastada a própria antijuridicidade da conduta, já que a lei expressamente menciona que "não é punível a subtração", deixando claro, pois, que o fato não constitui crime.

Dessa forma, pode-se concluir que quando o bem é infungível há crime, porque, nessa hipótese, a vítima sempre sofre prejuízo. De outro lado, se o bem é fungível, somente existe a infração penal se ultrapassado o valor da quota do agente, pois apenas nesse caso é que o outro sofre alguma perda patrimonial.

Quadro sinótico – Furto simples

Objetividade jurídica	A propriedade e a posse.
Tipo objetivo	"Subtrair, para si ou para outrem, coisa alheia móvel". a) A subtração pode ocorrer quando o próprio agente se apossa da coisa alheia ou quando recebe uma posse vigiada e, sem autorização, leva-a embora. b) Coisa alheia é o elemento normativo do crime. Só os bens que têm dono constituem coisa alheia, razão pela qual as coisas de ninguém e as abandonadas não podem ser objeto de furto. Coisas de uso comum, quando já retiradas do ambiente natural e estejam sendo exploradas por alguém, podem ser objeto de furto. Ex.: água encanada. A subtração de cadáver ou parte dele constitui crime específico previsto no art. 211 do Código Penal, salvo quando pertence a uma universidade ou museu, hipótese que caracteriza furto. Em relação à subtração de objetos enterrados com o cadáver existe discussão em torno da configuração de crime de violação de sepultura ou furto. A subtração de coisa comum, pertencente ao agente e a terceiro (condomínio, sociedade ou coerança), caracteriza o crime do art. 156 do CP. c) Coisa móvel é tudo o que pode ser transportado. É também possível o furto de energia elétrica e outras formas de energia que tenham valor econômico. Semoventes constituem espécie do gênero coisa móvel e, por tal razão, o furto de gado (abigeato) é crime.
Furto famélico	É a subtração de pequena quantia de alimento por quem não tem condição de obtê-lo por outro modo. Não constitui crime em razão do estado de necessidade.
Sujeito ativo	Pode ser qualquer pessoa, exceto o dono. O proprietário que subtrai coisa própria que se encontra em poder de terceiro, por ordem judicial ou contrato, comete o crime do art. 346 do CP.
Sujeito passivo	O dono do bem e também o possuidor ou detentor que sofram prejuízo.
Elemento subjetivo	Intenção de ter a coisa subtraída para si ou para outrem em definitivo. A intenção de furtar é conhecida como *animus furandi*. Se há mera intenção de uso momentâneo e se o agente restitui o bem logo em seguida, em sua integralidade, o fato não é considerado crime por ter havido o chamado furto de uso.
Consumação	Quando o agente obtém a posse e cessa a clandestinidade em relação ao bem, ainda que por pouco tempo, por ter ele conseguido tirá-lo do local. De acordo com as Cortes Superiores não é necessário que o agente tenha a posse mansa e pacífica ou desvigiada para fim de consumação. Se o agente for perseguido imediatamente e preso e o bem devolvido, o crime considera-se consumado.

Tentativa	É possível.
Classificação doutrinária	Crime simples, comum, comissivo, doloso, instantâneo, de ação livre, de dano e material.
Furto noturno	Trata-se de causa de aumento de pena em que há acréscimo de 1/3 se o crime ocorre durante o repouso noturno. Não se aplica se o fato ocorre na rua. Incide quando o fato ocorre em residência ou em suas dependências externas, ainda que não haja moradores no local, ou em estabelecimento comercial fechado. O período de repouso noturno pode variar de uma região para outra. A orientação atual do STJ é de que o aumento pode incidir no furto qualificado.
Furto privilegiado	Possui dois requisitos: **a)** que o agente seja primário; **b)** que a coisa subtraída seja de pequeno valor (não exceda um salário mínimo na data do crime). Três são as consequências possíveis, a critério do juiz: **a)** substituição da pena de reclusão por detenção; **b)** diminuição da pena de 1/3 a 2/3; **c)** aplicação somente da pena de multa. As Cortes Superiores entendem possível aplicar o privilégio ao furto qualificado (exceto se a qualificadora for de caráter subjetivo – de acordo com o STJ).
Princípio da insignificância	O fato é atípico quando a lesão ao patrimônio for ínfima, de modo a não justificar a movimentação da máquina judiciária.
Ação penal	É pública incondicionada.

Furto qualificado

Rompimento ou destruição de obstáculo à subtração da coisa	Abrange obstáculos passivos (portas, janelas, cofres, trancas) e ativos (alarmes e similares). É necessário que o obstáculo seja danificado e, por isso, o art. 171 do CPP exige perícia para constatar os vestígios. A mera remoção do obstáculo, sem que seja danificado, não qualifica o crime. Exige-se, ainda, que o obstáculo não seja parte integrante do bem subtraído, de modo que arrombar a porta do carro para furtá-lo constitui crime simples, mas arrombar o portão para levá-lo é qualificado.
Abuso de confiança	Deve haver especial (grande) confiança da vítima no agente e este deve valer-se de alguma facilidade disso decorrente para cometer o crime. A existência da especial relação de confiança precisa ser analisada em cada caso concreto, de modo que nem sempre um furto cometido por empregado qualifica o delito.
Emprego de fraude	É qualquer artifício, artimanha empregada pelo agente para enganar a vítima e viabilizar a subtração. Ex.: fraude para desviar a atenção da vítima; para afastá-la do local; para o agente poder entrar na casa da vítima etc. Não se confunde com o estelionato, em que a própria vítima entrega o bem ao agente em razão da fraude, posto que no furto, o bem é subtraído.

Emprego de escalada	Acesso ao local do furto por via anormal (telhado, pulando muro, escavando túnel etc.). Apenas se aplica quando existe esforço considerável para ingressar no local ou quando há necessidade de uso de cordas ou escadas. Por isso, pular um pequeno muro ou cerca não qualifica o furto. O art. 171 do CPP exige perícia para constatar a escalada.
Emprego de destreza	É a habilidade física ou manual do agente que lhe permite subtrair bens que a vítima traz consigo sem que ela perceba. É o caso do batedor de carteiras, também chamado de punguista.
Uso de chave falsa	Considera-se chave falsa a cópia feita sem o conhecimento do dono, bem como qualquer instrumento capaz de abrir a fechadura (grampo, chave de fenda, chave mixa etc.).
Concurso de duas ou mais pessoas	Aplica-se ainda que uma só pessoa possa ser punida porque o comparsa, por exemplo, fugiu e não foi identificado ou porque é menor de idade etc. Prevalece o entendimento de que se aplica tanto a casos de coautoria quanto de participação, mesmo que uma só pessoa tenha estado no local realizando ato de subtração (contando com a ajuda anterior de um partícipe). Existem duas correntes em torno da possibilidade da coexistência desta qualificadora com o delito de associação criminosa. Para uns, a qualificadora deve ser afastada, pois haveria *bis in idem*. Para outros, o reconhecimento conjunto é viável porque os bens jurídicos são distintos e afetados em momentos diferentes. É a tese que tem prevalecido nos tribunais superiores.
Furto de veículo automotor que venha a ser transportado para outro Estado ou para o exterior	Pela forma como está redigido este dispositivo a qualificadora só se aperfeiçoa se o agente consegue cruzar a divisa ou a fronteira na posse do veículo subtraído. É ainda necessário que ele subtraia o bem com a prévia intenção de transportá-lo a outro Estado ou país.
Furto de semovente domesticável de produção	A qualificadora se aplica ainda que o animal seja abatido e dividido no próprio local do crime

Capítulo II

DO ROUBO E DA EXTORSÃO

1 ROUBO

O delito sob essa denominação abrange duas formas de roubo simples: roubo próprio (CP, art. 157, *caput*) e impróprio (§ 1º), cinco causas de aumento de pena (§ 2º) e duas formas qualificadas pelo resultado (§ 3º).

1.1. ROUBO PRÓPRIO

> Art. 157, *caput* – Subtrair coisa móvel alheia, para si ou para outrem, mediante grave ameaça ou violência a pessoa, ou depois de havê-la, por qualquer meio, reduzido à impossibilidade de resistência:
>
> Pena – reclusão, de quatro a dez anos, e multa.

1. Conceito. O roubo, em princípio, possui os mesmos requisitos do furto: **a)** subtração como conduta típica; **b)** coisa alheia móvel como objeto material; **c)** fim de assenhoreamento definitivo para si ou para terceiro como elemento subjetivo. Acontece, entretanto, que constitui infração penal bem mais grave, uma vez que para sua existência é necessário que o agente, para a efetivação da subtração, tenha empregado um dos seguintes meios de execução:

a) Violência contra pessoa. Também chamada de *vis absoluta*. Caracteriza-se pelo emprego de qualquer desforço físico sobre a vítima a fim de possibilitar a subtração (socos, pontapés, facada, disparo de arma de fogo, paulada, amarrar a vítima etc.). Os violentos empurrões ou trombadas também caracterizam emprego de violência física e, assim, constituem roubo.

Nas hipóteses de arrebatamento consistentes em arrancar objeto que envolve alguma parte do corpo da vítima haverá roubo quando a força empregada pelo agente lesionar a vítima, provocar-lhe dor ou, ainda, derrubá-la ou desequilibrá-la. Por isso, se o agente puxa e arrebenta uma corrente grossa que está no pescoço da vítima e a machuca, o crime é o de roubo, porém, se a corrente é muito fina e a vítima praticamente nem sente quando ela é arrancada, o crime é o de furto. Se o agente puxa e arrebenta a alça de uma bolsa que estava no ombro da vítima, derrubando-a no chão, o delito também é o de roubo.

Para que a violência implique a tipificação do roubo ela deve ter sido empregada contra a pessoa (o dono do objeto ou terceiro) e nunca apenas contra a coisa.

b) Grave ameaça. É a promessa de um mal injusto, grave e iminente a ser provocado no próprio dono do bem ou em terceiro. Exs.: ameaça de morte, de provocar lesões corporais, de praticar atos sexuais etc.

A simulação de arma e a utilização de arma de brinquedo constituem grave ameaça porque têm poder intimidatório. Tem-se entendido também que o fato de os roubadores abordarem a vítima de surpresa gritando que se trata de assalto e exigindo a entrega dos bens constitui roubo, ainda que não tenha sido mostrada qualquer arma e não tenha sido proferida ameaça expressa, já que, em tal situação, a vítima sente-se atemorizada pelas próprias circunstâncias da abordagem.

A grave ameaça é conhecida também por *vis relativa*.

c) Qualquer outro meio que reduza a vítima à impossibilidade de resistência. Temos aqui a utilização de uma fórmula genérica cuja finalidade é possibilitar a punição por crime de roubo em várias situações não abrangidas pelas expressões "violência" ou "grave ameaça", mas que também fazem com que a vítima fique totalmente à mercê dos assaltantes, como, por exemplo, no caso do uso de soníferos, hipnose, superioridade numérica etc. Essa forma de execução é conhecida como violência imprópria.

A denúncia deve especificar em que consistiu tal recurso que levou a vítima à incapacidade de resistência.

Não basta que a vítima não possa resistir. De acordo com o texto legal, é necessário que o agente empregue um recurso qualquer sobre a vítima que retire desta a capacidade de resistência. Assim, se ele coloca sonífero na bebida de uma pessoa para subtrair seus pertences enquanto ela dorme, o crime é o de roubo. Todavia, se a própria vítima tinha tomado sonífero e o agente apenas se aproveitou do fato de estar ela dormindo, o delito é o de furto.

2. Objetividade jurídica. O roubo é um crime complexo, pois atinge mais de um bem jurídico: o patrimônio e a liberdade individual (no caso de ser empregada grave ameaça ou violência imprópria) ou a integridade corporal (nas hipóteses de violência física).

3. Sujeito ativo. Pode ser qualquer pessoa, menos o proprietário do objeto, já que a lei exige que a coisa seja "alheia". Trata-se de crime comum.

Na hipótese em que um dos roubadores limita-se a segurar a vítima para que o outro subtraia os bens, existe coautoria, já que ambos cometeram, ao menos em parte, atos executórios descritos no tipo. O primeiro empregou a violência, e o segundo efetuou a subtração, em uma autêntica divisão de tarefas. É a chamada coautoria funcional.

4. Sujeito passivo. O proprietário, possuidor ou detentor da coisa, bem como qualquer outra pessoa que seja atingida pela violência ou grave ameaça. Assim, é possível a coexistência de várias vítimas de apenas um roubo.

Exemplo: *A* empresta seu carro a B. Este vem a ser abordado por roubadores armados, que subtraem o veículo. *A* é vítima, pois seu patrimônio foi lesado, assim como B, já que contra ele foi empregada a grave ameaça, tendo sido, dessa forma, atingido pela ação delituosa. Houve, entretanto, apenas um roubo.

5. Concurso de crimes

a) Se o agente emprega grave ameaça concomitantemente contra duas pessoas, mas subtrai objetos de apenas uma delas, pratica crime único de roubo, já que apenas um patrimônio foi lesado. Não obstante, esse crime possui duas vítimas.

b) Se o agente, em um só contexto fático, emprega grave ameaça contra duas pessoas e subtrai objetos de ambas, responde por dois crimes de roubo em concurso formal, já que houve somente uma ação (ainda que composta de dois atos) e duas lesões patrimoniais. Exemplo: assaltante que entra em um ônibus, subjuga vários passageiros e leva seus pertences. Entretanto, entende-se que há crime único quando o agente entra em uma casa e rouba bens de membros de uma mesma família, com o argumento questionável de que o patrimônio, nesse caso, é um só.

c) Se o agente aborda uma só pessoa e apenas contra ela emprega grave ameaça, mas com esta conduta subtrai bens de pessoas distintas que estavam em poder da primeira, comete crime de roubo em concurso formal. Essa regra, todavia, somente pode ser aplicada quando o roubador tem consciência de que está lesando patrimônios autônomos, pois, caso contrário, estaria havendo responsabilidade objetiva. Assim, o assaltante que aborda o funcionário do caixa de um banco e leva dinheiro da instituição, bem como o relógio de pulso do funcionário, tem total ciência de que está lesando patrimônios distintos e, por isso, aplica-se o concurso formal. Por outro lado, se o agente rouba um carro e, posteriormente, vem a descobrir que no interior do porta-malas havia objetos que pertenciam a outras vítimas, responde por roubo único, já que por ocasião da subtração ele não sabia que estava subtraindo bens de mais de uma pessoa.

Há, todavia, opinião minoritária no sentido de que há sempre crime único na hipótese de apenas uma pessoa sofrer a grave ameaça. Não podemos, entretanto, aceitar esse entendimento, uma vez que o resultado no roubo é a lesão patrimonial, e, na hipótese em tela, dois foram os patrimônios lesados, pouco importando que apenas uma pessoa tenha sofrido a grave ameaça ou a violência.

Observação: Não se tem admitido o reconhecimento de crime continuado entre roubo simples e latrocínio, pois entende-se que estes delitos não podem ser considerados da mesma espécie (requisito da continuação delitiva), na medida em que o latrocínio atinge um bem jurídico a mais que o roubo simples, qual seja, a vida. Por isso, entre esses crimes o que se aplica é a regra do concurso material.

6. Consumação. Há duas correntes acerca do momento consumativo do delito de roubo:

a) O crime somente se consuma quando a *res* sai da esfera de vigilância da vítima e o agente obtém sua posse tranquila, ainda que por pouco tempo.

Veja-se, entretanto, que, mesmo para os seguidores dessa corrente, ainda que o agente não consiga a posse tranquila, o crime estará consumado caso o roubador desfaça-se da coisa ou venha a perdê-la na fuga e a vítima não consiga recuperá-la. É que, nesses casos, houve efetiva diminuição patrimonial, não se podendo, pois, cogitar de mera tentativa.

O roubo também estará consumado se um dos roubadores for preso no momento da subtração, mas algum coautor conseguir fugir levando objetos da vítima. Nessa situação estará consumado para todos os envolvidos.

b) O roubo consuma-se no exato instante em que o agente, após empregar a violência ou a grave ameaça, consegue apoderar-se do bem da vítima, ainda que seja preso no próprio local, sem que tenha conseguido a posse tranquila da *res*. É esse, atualmente, o entendimento adotado pacificamente pelo Supremo Tribunal Federal e pelo Superior Tribunal de Justiça. Assim, segundo essa orientação, se o agente aponta uma arma para a vítima e tira o seu relógio, mas acaba sendo preso nesse exato instante, responde por roubo consumado. Em novembro de 2015, a 3ª Seção do STJ, confirmando tal interpretação, aprovou a tese n. 916, em sede de recurso repetitivo, segundo a qual "consuma-se o crime de roubo com a inversão da posse do bem, mediante emprego de violência ou grave ameaça, ainda que por breve tempo e em seguida a perseguição imediata ao agente e recuperação da coisa roubada, sendo prescindível a posse mansa e pacífica ou desvigiada". Posteriormente, essa tese foi transformada na Súmula 582 do STJ.

7. Tentativa. É possível, qualquer que seja a corrente adotada em relação ao momento consumativo.

Quanto à hipótese em que a vítima não possui bens em seu poder e é abordada por roubadores que querem subtrair seus pertences existem duas orientações: alguns entendem que se trata de crime impossível; outros, que se trata de tentativa de roubo. Sobre o assunto ver, no Capítulo I, o tópico 1, item 6 – Tentativa.

8. Roubo de uso e princípio da insignificância. Tendo em vista que o crime de roubo é cometido com emprego de violência física ou grave ameaça, não afetando somente o patrimônio alheio, entende-se que não existe o instituto do roubo de uso e tampouco mostra-se a ele aplicável o princípio da insignificância.

1.2. ROUBO IMPRÓPRIO

Art. 157, § 1º – Na mesma pena incorre quem, logo depois de subtraída a coisa, emprega violência contra pessoa ou grave ameaça, a fim de assegurar a impunidade do crime ou a detenção da coisa para si ou para terceiro.

1. Distinção. Esta modalidade difere do roubo próprio pelos seguintes aspectos:

a) No roubo próprio, a violência ou a grave ameaça são empregadas antes ou durante a subtração, pois constituem meio para que o agente consiga efetivá-la. No roubo impróprio, o agente inicialmente quer apenas praticar um furto e, já se tendo apoderado do bem, emprega violência ou grave ameaça para garantir a impunidade do crime que estava em andamento ou assegurar a detenção do bem. Nessa hipótese, a caracterização do roubo impróprio afasta o crime de furto. Exemplos: **a)** o agente entra em um supermercado, apossa-se de mercadorias e sai sem pagar, sendo, em seguida, abordado por seguranças, e, nesse momento, agride a pessoa que o abordara a fim de evadir-se; **b)** o sujeito quebra o vidro de um carro e se apodera do aparelho de som, mas, na sequência, depara-se com um vigilante e o ameaça com uma faca, com o intuito de permanecer na posse do bem.

No roubo impróprio, portanto, a violência ou a grave ameaça ocorre após a subtração.

b) O roubo próprio pode ser cometido mediante violência contra pessoa, grave ameaça ou qualquer outro meio que reduza a vítima à impossibilidade de resistência. O roubo impróprio não admite a fórmula genérica por último mencionada, somente podendo ser cometido mediante violência ou grave ameaça.

Alguns autores, porém, criticam essa omissão do legislador e dizem ser possível a ocorrência da situação na prática. Exemplo: após apoderar-se dos bens da vítima, o agente é flagrado e coloca sonífero na bebida desta para poder sair da casa. Todavia, apesar da crítica ser válida em termos teóricos, a verdade é que o § 1º do art. 157 do Código Penal não menciona esse modo de execução, e, portanto, no caso citado, não há roubo impróprio.

Quanto aos aspectos referentes a sujeito ativo, passivo, objeto material e elemento subjetivo, aplicam-se as mesmas regras do roubo próprio.

2. Características

a) Somente se pode cogitar de roubo impróprio quando o agente já se apoderou de algum objeto da vítima, uma vez que o tipo expressamente exige que a violência ou a grave ameaça ocorra "logo depois de subtraída a coisa". Dessa forma, torna-se importante salientar que, se o agente entra em uma residência para praticar um furto e antes de apoderar-se de qualquer objeto emprega violência ou grave ameaça contra alguém para poder fugir (garantir a impunidade), responde por tentativa de furto em concurso material com crime de lesões corporais ou ameaça, e nunca por tentativa de roubo impróprio. Se, todavia, a violência ou a grave ameaça tivessem sido empregadas depois de o agente ter se apossado do bem, teríamos crime de roubo impróprio caracterizado. Veja-se, por fim, que, se alguém entra em uma residência com intenção de furtar e, antes de se apoderar de qualquer objeto, depara-se com um morador e emprega violência ou grave ameaça para subjugá-lo e, em seguida, subtrai seus pertences, tipifica-se o crime de roubo próprio, já que, nesse caso, a violência ou a grave ameaça antecederam o efetivo apossamento do bem e foram meio para a sua concretização.

b) A violência ou a grave ameaça deve ter sido praticada logo depois do apoderamento do objeto, ou seja, imediatamente após a subtração do bem, ainda no mesmo contexto fático do furto que estava em andamento. Após isso, o crime não pode mais sofrer qualquer alteração, já que a infração penal (furto) estará consumada, perfeita e acabada. Por isso, depois desse momento, o emprego de violência ou grave ameaça constitui crime autônomo de lesões corporais, ameaça, resistência etc., em concurso material com o furto consumado.

c) Só há roubo impróprio quando a conduta do agente visa garantir a impunidade do crime ou a detenção da coisa. Se não existir uma dessas finalidades, haverá, como na hipótese citada, concurso material de crimes, ainda que a violência ou a grave ameaça seja cometida logo depois da subtração, como, por exemplo, na hipótese em que, durante um furto, o sujeito lembra-se de que o vigia que está dormindo é seu inimigo e, assim, vai até o local em que este se encontra e o agride, provocando-lhe lesões corporais.

Em suma, o crime de roubo impróprio tem os seguintes requisitos:

1) o agente já deve ter se apoderado do objeto que pretendia furtar;

2) o agente deve empregar violência ou grave ameaça;

3) a violência ou a grave ameaça deve ocorrer logo depois do apoderamento do bem;

4) o agente deve ter por finalidade garantir a impunidade do crime ou a detenção da coisa, para si ou para terceiro.

3. Consumação. O roubo impróprio consuma-se no exato momento em que é empregada a violência ou a grave ameaça, mesmo que o sujeito não consiga atingir sua finalidade de garantir a impunidade ou assegurar a posse dos objetos subtraídos. Chega-se a essa conclusão pela própria redação do § 1º do art. 157 do Código Penal. Ex.: no interior de um ônibus, o agente abre a bolsa de uma mulher e se apodera de sua carteira. A vítima percebe o ocorrido e grita exigindo a devolução. Ele, então, desfere um soco no rosto da vítima e tenta sair do ônibus, mas é impedido por outros passageiros que o entregam para a polícia. O roubo impróprio está consumado em razão do soco já desferido. O agente, entretanto, não assegurou sua impunidade e a detenção do bem.

4. Tentativa. Existem dois entendimentos quanto à sua admissibilidade:

a) Damásio de Jesus, Magalhães Noronha, Bento de Faria, entre outros, entendem que ela é incabível, pois, ou o agente emprega violência ou grave ameaça e o crime está consumado, ou não a emprega, havendo, neste caso, apenas crime de furto. Veja-se que, na hipótese em que o agente desfere um golpe na vítima e não a atinge, a violência foi efetivamente empregada e o crime está consumado.

Trata-se de entendimento amplamente majoritário na jurisprudência.

b) H. Fragoso e Júlio F. Mirabete entendem ser possível o reconhecimento da forma tentada quando o agente, após apoderar-se do bem, tenta empregar violência ou grave ameaça, mas não consegue. Exemplo: uma pessoa apodera-se do objeto, e, quando está saindo da casa da vítima, esta chega. O agente, então, mune-se de um pedaço de pau e parte para cima dela para agredi-la, mas é contido por outra pessoa, que impede que seja desferido o primeiro golpe. A crítica que se faz a esse entendimento é de que, no instante em que o agente "parte para cima" da vítima com o pedaço de pau, ele já está empregando grave ameaça, estando, assim, consumado o roubo impróprio.

1.3. CAUSAS DE AUMENTO DE PENA

O art. 157, § 2º, do Código Penal estabelece cinco causas de aumento de pena, de um terço até metade, que são aplicáveis tanto ao roubo próprio quanto ao impróprio. Quando presente uma dessas hipóteses o delito é chamado de roubo majorado (ou circunstanciado).

É bastante comum o reconhecimento simultâneo de duas ou mais das causas de aumento, e, nesses casos, o juiz somente poderá realizar uma exacerbação da pena, em face do que dispõe o art. 68, parágrafo único, do Código Penal. Em tais hipóteses, os juízes costumavam aplicar o aumento em índice acima do mínimo, já que a lei permite um aumento de um terço até metade da pena. Ocorre que o Superior Tribunal de Justiça aprovou a Súmula 443, esclarecendo que "o aumento na terceira fase de aplicação da pena no crime de roubo circunstanciado exige fundamentação concreta, não sendo suficiente para a sua exasperação a mera indicação do número de majorantes". Assim, não deve o juiz aplicar o índice acima do mínimo, alegando exclusivamente que são duas ou mais causas de aumento, devendo apresentar justificativa específica para isso, como, por exemplo, que a arma usada era de grosso calibre ou tinha numeração raspada; que eram muitos os roubadores ou que um dos comparsas era menor de idade etc. Em decorrência da súmula, o juiz pode aumentar a pena acima do mínimo em casos em que reconheça uma só causa de aumento, desde que haja justificativa para tanto.

Saliente-se, novamente, que esse § 2º contém "causas de aumento de pena" e não "qualificadoras".

> Art. 157, § 2º – A pena aumenta-se de um terço até metade:
>
> I – se a violência ou ameaça é exercida com emprego de arma.

Inicialmente, discutiu-se se o aumento seria aplicável apenas às armas próprias (objetos produzidos com a finalidade específica de matar ou ferir, como revólveres, espingardas, pistolas etc.) ou também às impróprias (objetos confeccionados com outras finalidades, mas que também podem ofender a integridade corporal da vítima, como, p. ex., facas, navalhas, tesouras, machados etc.). Prevaleceu, na doutrina e na jurisprudência, a interpretação ampla, ou seja, como a lei não restringiu (utilizando genericamente a palavra "arma"), o instituto é aplicável a todo e qualquer objeto com poder vulnerante utilizado para a prática do roubo. Assim, tanto a arma própria quanto a imprópria estão abrangidas pela figura legal, já que, em qualquer caso, a conduta do agente reveste-se de maior gravidade por colocar a integridade da vítima em maior risco.

Existe também a questão do porte simulado de arma, tão comum no dia a dia, em que o agente, normalmente com a mão sob sua blusa, aborda a vítima e, dizendo-se armado, sob ameaça de morte, subtrai seus pertences. Nessa hipótese, a jurisprudência inclinou-se no sentido de que o sujeito *in casu* não manejou qualquer arma, e, assim, a majorante é inaplicável. A simulação da arma já funcionou como elemento caracterizador da grave ameaça, uma vez que apta a gerar temor no espírito da vítima, não podendo, no mesmo contexto fático, implicar aumento de pena, sem que tenha havido uma especial potencialidade vulnerante na conduta, já que, por não estar efetivamente armada, a integridade da vítima não correu risco maior de ser atingida pelo autor do crime.

A questão que gerava a maior polêmica era a referente ao emprego de arma de brinquedo para a prática do crime. Duas correntes surgiram:

a) A arma de brinquedo gera o aumento no roubo, desde que a vítima se sinta intimidada por ela. Para os seguidores dessa corrente, a intenção do legislador era punir mais gravemente aqueles que, usando um expediente mais eficaz, tivessem maior facilidade em atingir o fim visado, no caso, a subtração. Ora, como a vítima não sabe se a arma é verdadeira ou de brinquedo, em qualquer hipótese a subtração é praticada com maior facilidade, devendo, assim, ocorrer maior reprimenda.

   É a opinião de Nélson Hungria.

b) A arma de brinquedo não autoriza o aumento da pena do roubo porque se trata de um brinquedo e não de uma arma, de modo que não se enquadra no dispositivo legal. Além disso, de acordo com essa corrente, a finalidade da lei seria punir de forma mais firme aquele cuja conduta tem maior potencial lesivo, o que ocorre apenas com o uso da arma verdadeira, em que o agente, por acidente, reação da vítima ou de policiais, ou até mesmo por maldade, pode causar sérios danos à integridade corporal da pessoa subjugada ou até matá-la. É o entendimento majoritário na doutrina.

No passado, a jurisprudência era muito dividida em torno do assunto. O STJ, em determinado momento, aprovou a Súmula 174 declarando que, "no crime de roubo, a intimidação feita com arma de brinquedo autoriza o aumento da pena", porém, posteriormente, tal súmula foi cancelada. O tema, contudo, acabou sendo pacificado nos últimos anos e, tanto no Supremo Tribunal Federal quanto no Superior Tribunal de Justiça, o entendimento é o de que arma de brinquedo não possibilita a aplicação da majorante porque a vítima não é submetida à mesma situação de risco de vida que se mostra presente com o uso de arma verdadeira. O entendimento estende-se ao uso de outros simulacros (isqueiro em forma de pistola, arma de cola etc).

Armas de brinquedo também são chamadas de armas fintas, isto é, falsas.

Se o roubo for praticado por duas pessoas e só uma utilizar a arma, o aumento valerá para ambas.

Prevaleceu, durante muito tempo, o entendimento de que a utilização de arma desmuniciada ou com defeito (incapaz de realizar disparo) autorizava o agravamento da pena, por se tratar efetivamente de uma arma e pelo fato de a ausência de potencialidade lesiva ser momentânea. Ocorre que, após o STJ ter cancelado a súmula que autorizava o aumento no caso de arma de brinquedo, por falta de potencialidade lesiva, os tribunais superiores passaram também a refutá-lo no caso de arma quebrada ou desmuniciada utilizada para ameaçar a vítima. O aumento somente será possível se o agente utilizá-la para agredir o sujeito passivo, sendo, em tal hipótese, equiparada a arma imprópria.

É comum, por sua vez, que os ladrões fujam e só sejam identificados e reconhecidos pela vítima em momento posterior. A vítima afirma ter havido emprego de arma, porém, tal instrumento não é apreendido para ser periciado. O Plenário do Supremo Tribunal Federal entendeu que, se a prova pericial não for possível, deve-se dar credibilidade às palavas da vítima (art. 167 do CPP) e que, se o réu afirmar que a arma era de brinquedo ou que estava desmuniciada, o ônus da prova é dele (HC 96.099/RS, Pleno, *DJ*, 4-6-2009, p. 498).

Art. 157, § 2º, II – se há o concurso de duas ou mais pessoas.

Valem aqui todas as regras e comentários feitos em relação ao furto qualificado pelo concurso de agentes (v. comentários ao art. 155, § 4º, IV, do CP).

Tem-se entendido ser possível o reconhecimento das causas de aumento do emprego de arma e do concurso de agentes no roubo, em concurso material com o crime de associação criminosa armada (art. 288, parágrafo único, do CP), porque os bens jurídicos tutelados e os momentos consumativos são distintos. É o entendimento do Supremo Tribunal Federal e do Superior Tribunal de Justiça.

Art. 157, § 2º, III – se a vítima está em serviço de transporte de valores e o agente conhece tal circunstância.

Cuida-se de instituto que tem por finalidade proteger os que trabalham no transporte de valores, assim como aqueles que necessitam desse tipo de serviço para deslocar seus bens de um local para outro (bancos, joalherias, empresas em geral etc.), uma vez que os assaltantes, em razão do lucro elevado, têm predileção por essa espécie de roubo.

O aumento, todavia, somente será aplicado quando a vítima estiver trabalhando nesse tipo de serviço e nunca quando fizer transporte particular de bens. Abrange, por exemplo, o roubo a carro-forte, a *office-boys* que carregam valores para depósito em banco, a veículos utilizados por empresas para carregar dinheiro ou pedras preciosas etc.

Como se percebe pelo próprio texto da lei, exige-se que o roubador tenha plena ciência de que a vítima está transportando valores, sendo incabível, pois, o dolo eventual quanto a esse aspecto. Com efeito, se o agente sabe que a vítima está trabalhando com transporte de valores e decide cometer o crime, significa que ele quer o resultado (dolo direto).

> Art. 157, § 2º, IV – se a subtração for de veículo automotor que venha a ser transportado para outro Estado ou para o exterior.

Esse inciso foi inserido no Código Penal pela Lei n. 9.426/96 (v. comentários ao furto qualificado no art. 155, § 5º, do CP).

> Art. 157, § 2º, V – se o agente mantém a vítima em seu poder, restringindo sua liberdade.

Trata-se também de inovação da Lei n. 9.426/96.

Note-se que existem duas situações. Quando a vítima é obrigada a permanecer por período prolongado (algumas horas, p. ex.) em poder do roubador, caracteriza-se crime de roubo em concurso material com sequestro (art. 148), uma vez que, nesse caso, houve privação da liberdade, que pressupõe conduta mais duradoura. Ao contrário, o art. 157, § 2º, V, não menciona a palavra "privação" e sim "restrição da liberdade", de forma que tal dispositivo somente se aplica à hipótese em que a vítima fica em poder do roubador por breve espaço de tempo (por alguns minutos, apenas para sair do local da abordagem, p. ex.).

1.4. ROUBO QUALIFICADO

> Art. 157, § 3º – Se da violência resulta lesão corporal grave, a pena é de reclusão, de sete a quinze anos, além de multa; se resulta morte, a reclusão é de vinte a trinta anos, sem prejuízo da multa.

As lesões graves que qualificam o roubo são as descritas no art. 129, §§ 1º e 2º, do Código Penal.

A provocação de lesões leves por ocasião do roubo não constitui qualificadora e tampouco crime autônomo. Aquelas são, em verdade, absorvidas pelo crime mais grave, mas podem ser levadas em conta pelo juiz na fixação da pena-base (art. 59 do CP).

As qualificadoras descritas no § 3º do art. 157 aplicam-se tanto ao roubo próprio quanto ao impróprio.

As causas de aumento de pena do § 2º não incidem sobre as formas qualificadas do § 3º, que possuem pena em abstrato já bastante majorada. Por isso, se alguém mata a vítima durante um roubo fazendo uso de um revólver, responde por latrocínio sem o aumento referente ao emprego de arma.

Nos termos do art. 1º, II, da Lei n. 8.072/90, o latrocínio, consumado ou tentado, é considerado crime hediondo, enquanto o roubo qualificado pelas lesões graves não.

Para a concretização dessas qualificadoras, o resultado, lesão grave ou morte, pode ter sido provocado dolosa ou culposamente. É evidente, entretanto, que, na primeira hipótese, o dolo em relação ao resultado agravador deve ser levado em conta na fixação da pena-base. Não se trata, pois, de crime exclusivamente preterdoloso, muito embora admita esta figura.

Deve-se notar que, se o agente efetua disparos querendo matar a vítima (na cabeça, p. ex.), mas ela não morre, vindo, porém, a sofrer sequelas consideradas graves, responderá ele por tentativa de latrocínio (em razão de seu dolo de matar durante o roubo) e não por roubo qualificado pelas lesões graves.

Durante o roubo, portanto, podem ocorrer as seguintes hipóteses:

a) Se o agente emprega violência querendo matar a vítima e efetivamente causa a morte desta, comete latrocínio consumado (morte dolosa).

b) Se o agente emprega violência contra a vítima sem querer provocar-lhe a morte, mas acaba causando-a culposamente, responde também por latrocínio consumado. Essa hipótese é preterdolosa. Exemplo: durante o crime o agente efetua disparos para o alto e o projétil ricocheteia, atingindo fatalmente a vítima.

c) Se o agente emprega violência querendo matar a vítima, mas não consegue atingir seu intento, responde por tentativa de latrocínio, ainda que esta sofra lesões de natureza grave (conforme mencionado há pouco).

d) Se o sujeito emprega violência querendo causar lesão grave na vítima e efetivamente o faz, responde por roubo qualificado pela lesão grave consumado. Exemplo: efetuar disparos na perna da vítima, causando-lhe fratura no fêmur.

e) Se o agente emprega a violência sem querer provocar lesão grave, mas acaba provocando-a de forma culposa, comete também roubo qualificado pela lesão grave. Trata-se de hipótese preterdolosa.

f) Se o agente emprega violência querendo causar lesão grave, mas não consegue, responde por tentativa de roubo qualificado pela lesão grave. Exemplo: efetua disparos querendo causar fratura no fêmur da vítima, mas não consegue atingi-la.

Como a lei se utiliza da expressão "se da violência resulta...", entende-se que não há latrocínio quando o resultado agravador decorre do emprego de grave ameaça, como, por exemplo, na hipótese em que a vítima sofre um enfarte em razão de ter-lhe sido apontada uma arma de fogo. Nesse caso, haverá crime de roubo em concurso formal com homicídio culposo. Por esse mesmo motivo – inexistência de violência – não há latrocínio se o agente aponta uma arma para a vítima e esta, ao sair correndo, acaba sendo atropelada por um carro que nenhuma ligação tem com o assaltante.

Para a configuração do latrocínio exige-se, ainda, que a violência tenha sido utilizada intencionalmente pelo roubador durante o assalto. Em resumo, é necessário que haja violência e que esta seja intencional, provocando a morte, dolosa ou culposamente. Assim, se o agente intencionalmente efetua um disparo, quer para matar, quer apenas para assustar, mas acaba provocando a morte da vítima, responde por latrocínio. Por outro lado, se o agente aponta uma arma para a pessoa, toma a direção do automóvel desta, mantendo-a a seu lado e, agindo com imprudência no volante, acaba colidindo o carro e provocando com isso a morte da vítima, responde por crime de roubo em concurso material com homicídio culposo do Código de Trânsito (art. 302 do CTB), uma vez que, nesse caso, não houve emprego intencional de violência.

Quando o agente mata a vítima dolosamente, e esta morte possui alguma ligação com uma subtração, na maioria das vezes, o crime é o de latrocínio. Porém, em algumas hipóteses o crime será o de roubo em concurso material com homicídio doloso. Quais então os critérios para distinguir essas duas situações?

O latrocínio é um crime específico – um crime autônomo que surge da junção dos crimes de roubo e homicídio. Assim, para sua configuração devemos atentar para a coexistência dos seguintes requisitos:

a) que durante o roubo o agente intencionalmente empregue violência; esta, portanto, deve ter sido empregada no contexto fático do roubo;

b) que exista nexo causal entre a violência empregada e a subtração, ou seja, que aquela tenha sido empregada em razão da prática do roubo – exemplos: matar a vítima para conseguir subtrair seus pertences; para conseguir fugir do local do crime; para assegurar a posse do bem que acabou de subtrair etc.

Em suma, para que haja latrocínio é necessário que a morte decorra da violência empregada durante e em razão do roubo. Quando estão presentes esses requisitos haverá latrocínio qualquer que tenha sido a pessoa morta: a própria vítima da subtração, alguém que a acompanhava, um segurança de um banco roubado, um policial que interveio para ajudar a vítima que estava sendo assaltada etc.

Por outro lado, quando ausente qualquer desses requisitos, o agente responderá por homicídio doloso em concurso material com roubo. Vejamos os seguintes casos:

a) O agente mata alguém durante o assalto, porém, sem que haja qualquer nexo causal, qualquer vínculo com o roubo que ele estava cometendo. Exemplo: durante o assalto passa pelo local um inimigo do agente e ele aproveita-se da ocasião para matá-lo.

b) O agente mata a vítima em razão do roubo – presente, portanto, o nexo causal – fazendo-o, entretanto, em contexto fático diverso. Exemplo: três meses depois de ter roubado uma pessoa, o agente encontra a vítima e mata-a para não ser reconhecido.

Saliente-se que, além dessas duas hipóteses, a doutrina entende haver também concurso material de roubo e homicídio – e não latrocínio – quando um dos assaltantes mata outro para, por exemplo, ficar com todo o dinheiro subtraído, ainda que a morte ocorra durante o assalto. Isso porque, no caso, o resultado morte atingiu o próprio sujeito ativo do roubo. No entanto, se o agente efetua um disparo para matar a vítima, mas, por erro de pontaria, acaba atingindo e matando seu comparsa, o crime é de latrocínio. Nesse caso, ocorreu a chamada *aberratio ictus* (art. 73), em que a lei determina que o agente seja responsabilizado como se tivesse atingido a pessoa que ele visava.

Por fim, também não há latrocínio quando uma pessoa mata outra e fica provado que, por ocasião da morte, o agente não tinha qualquer intenção de subtrair seus pertences, mas que, após consumado o homicídio, surgiu tal ideia em sua cabeça e, então, subtraiu bens que estavam juntos ao cadáver. Nesse caso, haverá homicídio doloso em concurso material com furto (a subtração deu-se após a morte). Diga-se, aliás, que o sujeito passivo desse furto são os familiares da vítima.

Se duas ou mais pessoas são mortas, mas apenas um patrimônio é lesado, a doutrina e a jurisprudência dominantes têm entendido que se trata de crime único. Assim, se para roubar dinheiro de um banco os agentes matam dois seguranças, respondem por um só latrocínio, e a pluralidade de mortes deve ser considerada pelo juiz na fixação da pena, com base no art. 59 do Código Penal. O argumento é de que o latrocínio é um crime complexo que pressupõe uma subtração e uma morte, de modo que só haverá dois latrocínios se ocorreram duas mortes e duas subtrações. Há, entretanto, julgados reconhecendo que, ainda que haja uma subtração apenas, a hipótese é de concurso formal ou de crime continuado.

Nos termos da Súmula 603 do Supremo Tribunal Federal, o crime de latrocínio, ainda que a morte seja dolosa, é julgado pelo juiz singular e não pelo Tribunal do Júri. O Pretório Excelso entendeu que, pelo fato de o latrocínio estar previsto no título dos crimes contra o patrimônio, não se enquadra na competência do Júri, que é apenas para os crimes classificados em lei como dolosos contra a vida.

Como no latrocínio ocorre subtração e morte, é possível que uma delas se aperfeiçoe e a outra não. Temos, pois, as seguintes situações e respectivas soluções:

a) quando a subtração e a morte ficam na esfera da tentativa, há latrocínio tentado;

b) quando ambas se consumam, há latrocínio consumado;

c) quando a subtração se consuma e a morte não, há tentativa de latrocínio;

d) quando a subtração não se efetiva, mas a vítima morre, há latrocínio consumado. Nesse sentido existe, inclusive, a Súmula 610 do

Supremo Tribunal Federal. É que o art. 157, § 3º, do Código Penal, dispõe que a pena será de vinte a trinta anos, e multa, se a violência empregada durante o roubo provocar a morte, vinculando, portanto, a aplicação da pena integral a este resultado (morte).

2 EXTORSÃO

Art. 158, *caput* – Constranger alguém, mediante violência ou grave ameaça, e com o intuito de obter para si ou para outrem indevida vantagem econômica, a fazer, tolerar que se faça ou deixar de fazer alguma coisa:

Pena – reclusão, de quatro a dez anos, e multa.

1. Tipo objetivo. A conduta típica é constranger, que significa obrigar, coagir alguém a fazer algo (a entregar dinheiro ou um bem qualquer, a realizar uma obra sem cobrar, a acompanhar o agente ao *shopping* e pagar-lhe roupas e comida, a assinar cheques etc.), tolerar que se faça (permitir que o agente rasgue um contrato ou título que representa uma dívida etc.) ou deixar de fazer alguma coisa (não entrar em uma concorrência comercial, não ingressar com uma ação de execução ou cobrança etc.).

Um caso de extorsão que tem proliferado é o do agente que telefona para a vítima, simulando estar em poder do filho dela, e exige a entrega de dinheiro para não o matar. O crime é o de extorsão em razão do poder intimidatório.

A jurisprudência vem também entendendo que existe crime de extorsão por parte daquele que, tendo imagens ou vídeos comprometedores de outrem, normalmente de cunho sexual, exige dinheiro para não divulgar o conteúdo para familiares ou em redes sociais.

2. Meio de execução. Assim como no roubo, os meios de execução são o emprego de violência física ou de grave ameaça. A pena dos dois delitos, aliás, é a mesma.

3. Elemento subjetivo. Somente existe crime de extorsão quando o agente almeja obter indevida vantagem econômica. É justamente essa finalidade que o diferencia do constrangimento ilegal. Genericamente falando, entretanto, o elemento subjetivo do delito é o dolo.

Por sua vez, se o indivíduo emprega violência ou grave ameaça para obter vantagem patrimonial que lhe é devida, comete o delito de exercício arbitrário das próprias razões (art. 345 do CP).

4. Sujeito ativo. Pode ser qualquer pessoa. Trata-se de crime comum.

5. Sujeito passivo. Todos os que sofram a violência ou a grave ameaça, bem como aqueles que experimentem algum prejuízo financeiro em razão do delito.

6. Consumação. Apesar das divergências existentes, é amplamente majoritário o entendimento de que o crime de extorsão é delito formal. Nesse sentido, a Súmula 96 do Superior Tribunal de Justiça: "O crime de extorsão consuma-se independentemente da obtenção da vantagem indevida". Pela própria redação do art. 158 do Código Penal é possível concluir que a extorsão consuma-se no instante em que a vítima, após sofrer violência ou grave ameaça, toma a atitude que o agente desejava (faz, deixa de fazer ou tolera que se faça algo), ainda que este não consiga obter qualquer vantagem econômica em sua decorrência. Exemplo: se o agente telefona para a vítima, simulando estar em poder de algum familiar e exige dinheiro, mas a vítima desliga o telefone, há mera tentativa de extorsão. Se a vítima, todavia, leva o dinheiro ao local determinado pelo agente, o crime está consumado, ainda que ele seja preso no momento de pegar os valores.

7. Tentativa. É admissível.

8. Distinção

a) Extorsão e estelionato. A extorsão, na hipótese em que a vítima é obrigada a entregar algo ao autor do delito, assemelha-se ao crime de estelionato, já que neste é também a própria vítima quem entrega seus pertences ao sujeito ativo da infração. No estelionato, entretanto, ela quer efetivamente entregar o objeto, uma vez que foi induzida ou mantida em erro pelo agente por meio do emprego de uma fraude. Na extorsão, a vítima despoja-se de seu patrimônio contra sua vontade, já que o faz por ter sofrido violência ou grave ameaça.

É possível, também, que no caso concreto o agente empregue tanto fraude quanto violência ou grave ameaça. Nessa situação, porém, o delito será o de extorsão, pois, na hipótese, além de este ser o crime mais grave, a entrega por parte da vítima é feita contra sua vontade, em razão da violência ou da grave ameaça perpetradas. Exemplo: uma pessoa simula ser policial e, sob ameaça de prisão, obriga a vítima a entregar-lhe certa quantia em dinheiro. A fraude serviu para ludibriá-la, mas a razão da entrega do dinheiro foi a grave ameaça, sendo o crime, portanto, de extorsão.

Também existe extorsão, e não estelionato, no caso em que o filho, na companhia de amigos, simula o próprio sequestro, e exige resgate ao pai. O crime é o de extorsão porque o pai se sente coagido com as ameaças feitas, embora elas sejam falsas. O filho não tem direito à imunidade prevista no art. 181, II, do CP, na medida em que ela é incabível nos crimes de extorsão (art. 183, I).

b) Extorsão e roubo. Para Nélson Hungria, a única diferença entre esses dois delitos é que, no roubo, o bem é tirado da vítima, enquanto na extorsão ela própria é quem o entrega ao agente. A doutrina e a jurisprudência não acolheram, entretanto, a opinião de Hungria, entendendo que, se a vítima não tem qualquer opção senão a entrega do bem, o crime será sempre de roubo, como ocorre, por exemplo, se ela entrega sua carteira por haver um revólver apontado para ela.

A melhor forma de distinção entre os dois delitos é a seguinte: se o bem for subtraído, o crime é o de roubo, mas se a própria vítima o entregar, poderá ter havido roubo ou extorsão. Esta ocorrerá se a vítima tinha alguma possibilidade de escolha acerca de entregar ou não o objeto, de forma que sua colaboração é imprescindível para que o agente obtenha o que visava. Se, entretanto, ocorreu entrega, mas isso não era imprescindível, já que a vítima não tinha qualquer opção, pois se não entregasse o agente poderia de imediato tomar-lhe o bem, o crime será o de roubo. É exatamente o que ocorre na hipótese já citada de haver uma arma apontada para a vítima e o agente determinar a entrega da bolsa. Esse é o entendimento atualmente adotado pela doutrina e jurisprudência dominantes. Segundo essa corrente, existe extorsão na hipótese conhecida como "sequestro-relâmpago", em que o agente obriga a vítima a fornecer a senha de seu cartão bancário para que ele saque dinheiro no caixa eletrônico. Entende-se que a colaboração da vítima é imprescindível, porque o agente não teria como adivinhar a senha. A Lei n. 11.923/2009 transformou o sequestro-relâmpago em figura qualificada do crime de extorsão (art. 158, § 3º, do CP), que será adiante analisada. Existe também extorsão nos casos em que a ameaça e a exigência são feitas por telefone ou por carta, porque, também nesses casos, a colaboração da vítima é imprescindível.

Em suma, no crime de roubo a colaboração da vítima não é imprescindível, enquanto na extorsão sim.

c) Extorsão e concussão. Na concussão (art. 316 do CP), o sujeito ativo é sempre funcionário público, e a vítima cede às exigências deste por temer eventuais represálias decorrentes do exercício do cargo. A extorsão, que é delito mais grave, pode ser praticada por qualquer pessoa, inclusive por funcionário público no exercício de suas funções, desde que a vítima ceda à intenção do agente em razão do emprego de violência ou grave ameaça (e não em virtude da função por ele exercida).

2.1. CAUSAS DE AUMENTO DE PENA

> Art. 158, § 1º – Se o crime é cometido por duas ou mais pessoas, ou com emprego de arma, aumenta-se a pena de um terço até metade.

Na primeira hipótese, a lei refere-se ao fato de ser o crime "cometido por duas ou mais pessoas", redação diversa daquela contida no art. 157, § 2º, I, também do Código Penal, que diz respeito a roubo praticado "mediante concurso de duas ou mais pessoas". Assim, quanto ao delito de extorsão, prevalece o entendimento de que é indispensável a presença de pelo menos duas pessoas quando da execução do delito.

No mais, aplica-se tudo o que foi estudado em relação ao roubo agravado do art. 157, § 2º, I e II, do Código Penal.

2.2. EXTORSÃO QUALIFICADA

> Art. 158, § 2º – Aplica-se à extorsão praticada mediante violência o disposto no § 3º do artigo anterior.

As qualificadoras somente se aplicam nas hipóteses em que a extorsão é cometida com emprego de violência. Nesses casos, serão seguidas as mesmas regras já mencionadas por ocasião da análise do roubo qualificado pelas lesões corporais graves ou morte.

Saliente-se, também, que, nos termos do art. 1º, IV, da Lei n. 8.072/90, apenas a extorsão qualificada pela morte, consumada ou tentada, tem natureza de crime hediondo.

2.3. EXTORSÃO QUALIFICADA PELA RESTRIÇÃO DA LIBERDADE (SEQUESTRO RELÂMPAGO)

> Art. 158, § 3º – Se o crime é cometido mediante a restrição da liberdade da vítima, e essa condição é necessária para a obtenção da vantagem econômica, a pena é de reclusão, de seis a doze anos, além da multa; se resulta lesão corporal grave ou morte, aplicam-se as penas previstas no art. 159, §§ 2º e 3º, respectivamente.

Sequestro relâmpago é uma denominação popular utilizada para os casos em que os agentes capturam a vítima, apossam-se de seu cartão bancário e, em seguida, exigem, mediante grave ameaça, o fornecimento da senha, com a qual fazem saques da conta bancária da vítima ou compras. Nesses casos, a restrição da liberdade da vítima é considerada condição necessária para a obtenção da vantagem, pois se os agentes a libertarem antes de concretizarem os saques ou realizarem as compras, ela poderá, de imediato, bloquear o uso do cartão por telefone.

Como não existia tipo penal específico para a hipótese, havia várias interpretações em torno do assunto. Para alguns, o crime era o de roubo. Para outros, tratava-se de extorsão (tese prevalente). Finalmente, existiam os que sustentavam que o crime era o de extorsão mediante sequestro. O legislador, no entanto, por meio da Lei n. 11.923, de 17 de abril de 2009, pacificou o tema, transformando o sequestro relâmpago em figura qualificada do crime de extorsão.

O delito diferencia-se da extorsão mediante sequestro (art. 159 do CP), porque, nesta, o resgate é exigido de outras pessoas (familiares em geral), enquanto no sequestro relâmpago não há essa exigência a terceiros.

Tendo em vista que o delito já possui pena maior em abstrato e que está previsto no § 3º, a ele não seriam aplicáveis as causas de aumento do § 1º. Há, porém, julgado em sentido contrário no STJ: REsp 1353693/RS – Rel. Min. Reynaldo Soares da Fonseca – 5ª Turma – julgado em 13-9-2016, *DJe* 21-9-2016.

Se o agente, além de sacar dinheiro no caixa eletrônico ou de fazer compras com o cartão bancário da vítima, subtrair o dinheiro de sua carteira ou outros pertences (veículo, telefone, relógio), responderá também por crime de roubo em concurso material.

A jurisprudência entende que roubo e extorsão não são crimes da mesma espécie porque são previstos em tipos penais distintos e, por tal motivo, mostra-se inviável o reconhecimento da continuidade delitiva entre tais delitos. Entende, também, que há duas condutas autônomas: a subtração inicial e, após a consumação do roubo mediante o apossamento dos bens da vítima, a exigência da senha, o que inviabiliza as teses de ocorrência de crime único ou de concurso formal.

A parte final do art. 158, § 3º, do Código Penal estabelece que, se resulta lesão grave ou morte, devem ser aplicadas as penas do crime de extorsão mediante sequestro qualificado por tais resultados (art. 159, §§ 2º e 3º), fazendo com que a pena passe a ser consideravelmente maior (16 a 24 anos, no caso de lesão grave, e 24 a 30 anos, no caso de morte). Estamos, portanto, diante de um crime de extorsão qualificada, em que se deve aplicar a pena de um crime de extorsão mediante sequestro qualificado. Em razão disso, surgiu polêmica em torno do caráter hediondo do novo crime, quando dele resultar lesão grave ou morte, na medida em que não se inseriu na Lei dos Crimes Hediondos (Lei n. 8.072/90) a figura do art. 158, § 3º. Em razão disso, três interpretações mostram-se possíveis: 1ª) o sequestro relâmpago qualificado pela morte não é hediondo porque a lei que elenca os crimes dessa natureza não faz referência ao art. 158, § 3º; 2ª) o delito é hediondo porque a lei manda aplicar as mesmas penas da extorsão mediante sequestro qualificada; 3ª) deve-se pautar o raciocínio com base no crime de extorsão (art. 158), já que o sequestro relâmpago é uma modalidade desse crime. Assim, como a extorsão qualificada pela lesão grave não é infração hedionda, o sequestro relâmpago com lesão grave também não o será. Se, todavia, tratar-se de resultado morte, o delito será hediondo porque a extorsão seguida de morte possui essa natureza. Preferimos esta última orientação.

3 EXTORSÃO MEDIANTE SEQUESTRO

Art. 159, *caput* – Sequestrar pessoa com o fim de obter, para si ou para outrem, qualquer vantagem, como condição ou preço do resgate:

Pena – reclusão, de oito a quinze anos.

1. Introdução. Nos termos do art. 1º, V, da Lei n. 8.072/90, todas as formas de extorsão mediante sequestro, simples ou qualificadas, têm caráter hediondo.

Há que se lembrar também que, por ocasião da edição de tal lei, todas as penas privativas de liberdade do delito em tela foram aumentadas, afastando-se, porém, a previsão legal quanto à pena de multa cumulativa até então existente.

2. Objetividade jurídica. Trata-se de crime complexo, em que a lei visa proteger a liberdade individual e o patrimônio.

3. Tipo objetivo. Sequestrar alguém significa capturá-lo, privá-lo de sua liberdade, impedir sua locomoção. A vítima, nos termos da lei, é um ser humano, uma pessoa. Por isso, a privação de liberdade de animal de estimação ou de raça, tendo por finalidade a obtenção de resgate, caracteriza crime de extorsão (art. 158).

Veja-se que o tipo penal não menciona as palavras "violência" ou "grave ameaça" como meios de execução dessa infração penal. É certo, entretanto, que elas, bem como qualquer outro recurso que impossibilite a defesa da vítima (tenra idade, doença incapacitante etc.), estão implícitas no verbo "sequestrar".

4. Elemento subjetivo. É o dolo. O agente deve também estar imbuído da finalidade de obter uma vantagem em troca da liberdade da vítima (preço do resgate) ou para não causar algum mal a ela (condição). Damásio de Jesus acha que a vantagem visada pelo agente não precisa ser necessariamente econômica, pois o art. 159 do Código Penal refere-se a "qualquer vantagem", ao contrário do que ocorre no crime de extorsão (art. 158), em que a lei exige expressamente aquele tipo de vantagem. Prevalece, todavia, entendimento de que para a caracterização da extorsão mediante sequestro a vantagem pretendida deve ser sempre de caráter econômico, uma vez que este delito está inserido no título dos crimes contra o patrimônio. Por esse entendimento, se o agente sequestra o filho do diretor de um presídio para forçá-lo a soltar um dos presos, o crime não é o de extorsão mediante sequestro, e sim o de sequestro do art. 148 do CP em concurso material com o de facilitação de fuga de pessoa presa (art. 351 do CP).

A doutrina, em sua maioria, entende também que a vantagem deve ser indevida, pois, caso contrário, haveria crime de sequestro (CP, art. 148) em concurso com o delito de exercício arbitrário das próprias razões (art. 345 do CP). Exemplo: credor que sequestra parente do devedor para obrigá-lo a pagar a dívida. Damásio de Jesus, por sua vez, sustenta opinião diversa, no sentido de ser indiferente para a concretização da extorsão mediante sequestro que a vantagem seja devida ou indevida. Justifica seu ponto de vista ao comparar a redação do dispositivo em estudo com a do crime de extorsão, em que a lei menciona expressamente a necessidade de que o agente queira obter "indevida vantagem econômica".

O crime de extorsão mediante sequestro diferencia-se do delito chamado sequestro ou cárcere privado, previsto no art. 148 do Código Penal, porque, naquele, a intenção do agente é obter uma vantagem, enquanto, neste, a motivação é outra qualquer. Exemplo: privar a liberdade da namorada por ciúme, para evitar que ela veja ou converse com outras pessoas.

5. Sujeito ativo. Pode ser qualquer pessoa.

6. Sujeito passivo. Quem sofre a privação da liberdade e também a pessoa de quem é exigido o resgate (ainda que os valores pertençam ao próprio sequestrado).

7. Consumação. Pela própria forma como foi feita a descrição típica pelo legislador, é fácil concluir que se trata de crime formal, cuja consumação ocorre no exato instante em que a vítima é sequestrada, privada de sua liberdade, ainda que os sequestradores não consigam receber ou até mesmo pedir o resgate (desde que se prove que a intenção deles era fazê-lo). Para que ocorra a consumação, entretanto, é necessário que a vítima permaneça em poder dos agentes pelo menos por alguns minutos. Por isso, se os agentes conseguem tirar a vítima de dentro de seu carro e colocá-la no veículo deles, mas, imediatamente, são presos em flagrante, o crime considera-se tentado (deverá, em tal hipótese, ser feita prova de que eles pretendiam fazer pedido de resgate).

O pagamento do resgate é mero exaurimento da extorsão mediante sequestro, mas pode ser levado em conta pelo juiz na fixação da pena-base, visto que o art. 59 do Código Penal estabelece como circunstância judicial as "consequências" do crime, e é evidente que o delito tem consequências mais gravosas quando, além da privação da liberdade, sobrevém a redução patrimonial pelo pagamento do resgate.

Cuida-se de crime permanente, de forma que será possível a prisão em flagrante enquanto a vítima estiver em poder dos sequestradores (art. 303 do CP).

8. Tentativa. É admissível, desde que os agentes iniciem a execução do crime, mas não consigam levar a pessoa que pretendiam sequestrar.

9. Competência. Como esse aspecto depende do local da consumação do delito, resta óbvio que a competência será do juízo do local onde a vítima tiver sido capturada, sequestrada (art. 70 do CPP).

Existe uma hipótese interessante quando a vítima é sequestrada em uma cidade e mantida em cativeiro em outra. Como o crime é permanente, deve ser aplicada a regra do art. 71 do Código de Processo Penal, que diz: "tratando-se de infração permanente, praticada em território de duas ou mais jurisdições, a competência firmar-se-á por prevenção". Assim, a ação penal poderá ser movida tanto no local onde ocorreu o sequestro quanto no local onde a vítima permaneceu em cativeiro, devendo ser fixada em uma delas por prevenção.

3.1. FORMAS QUALIFICADAS

> Art. 159, § 1º – Se o sequestro dura mais de vinte e quatro horas, se o sequestrado é menor de dezoito ou maior de sessenta anos, ou se o crime é cometido por bando ou quadrilha:
>
> Pena – reclusão, de doze a vinte anos.

Na primeira hipótese, o período de 24 horas deve ser contado desde o momento do sequestro até a libertação da vítima (ainda que o resgate tenha sido pago antes).

A segunda hipótese terá aplicação quando a vítima for menor de 18 anos ou maior de 60. Caso a vítima seja sequestrada uma semana antes de completar os sessenta anos, mas ainda esteja em poder dos sequestradores na data do aniversário, surgirá a qualificadora devido à natureza permanente do delito.

Por fim, observe-se que o conceito de quadrilha ou bando encontrava-se no art. 288 do Código Penal – associação de quatro ou mais pessoas para a prática reiterada de crimes. A denominação "quadrilha ou bando" foi excluída do Código Penal pela Lei n. 12.850/2013, que, todavia, deixou de modificar o presente art. 159, § 1º, que manteve menção a quadrilha ou bando. A nova redação do art. 288 define o delito de associação criminosa, cuja configuração exige a associação de apenas três pessoas para a prática de crimes. Essa nova definição, contudo, não pode ser aplicada à forma qualificada do crime de extorsão mediante sequestro, porque se trata de lei mais gravosa (de modo a inviabilizar a analogia). A solução é continuar aplicando o antigo conceito de quadrilha, considerando qualificado o crime quando praticado por associação de quatro ou mais pessoas.

> Art. 159, § 2º – Se do fato resulta lesão corporal de natureza grave:
> Pena – reclusão, de dezesseis a vinte e quatro anos.
> § 3º – Se resulta a morte:
> Pena – reclusão, de vinte e quatro a trinta anos.

Em ambas as hipóteses, o resultado agravador deve ter recaído sobre a pessoa sequestrada. Assim, se os sequestradores matam, por exemplo, um segurança da vítima ou a pessoa que estava efetuando o pagamento do resgate, haverá crime de extorsão mediante sequestro (sem as qualificadoras dos §§ 2º e 3º) em concurso material com homicídio qualificado.

Para que as qualificadoras sejam aplicadas, é indiferente que o resultado tenha sido provocado dolosa ou culposamente. No primeiro caso, todavia, o juiz deve levar em conta a conduta intencional na fixação da pena-base.

Se a morte ou a lesão grave forem causadas por caso fortuito ou culpa de terceiros, não se aplicam as qualificadoras (art. 19 do CP). Exemplo: um raio atinge a casa em que a vítima está sendo mantida ou ela é atropelada por terceiros após sua libertação.

O reconhecimento de uma qualificadora mais grave automaticamente afasta a aplicação das menos graves, uma vez que as penas são distintas e o crime é um só. Por exemplo, se é sequestrada e depois morta uma pessoa de quinze anos, somente se aplica a qualificadora do § 3º, afastando-se a do § 1º.

A pena da extorsão mediante sequestro qualificada pela morte é a maior prevista no Código Penal.

3.2. CAUSAS DE AUMENTO DE PENA

O art. 9º da Lei n. 8.072/90 estabelece que a pena da extorsão mediante sequestro deve ser aumentada em metade se a vítima estiver em qualquer das hipóteses do art. 224 do Código Penal (não for maior de quatorze anos, for alienada ou débil mental e o agente souber disso, ou se não puder, por qualquer causa, oferecer resistência). Acontece que a Lei n. 12.015/2009 revogou expressamente o art. 224 do Código Penal e, em razão disso, a doutrina vem entendendo que o aumento do art. 9º não mais pode ser aplicado por ter desaparecido o dispositivo que lhe dava complemento.

3.3. DELAÇÃO EFICAZ

> Art. 159, § 4º – Se o crime é cometido em concurso, o concorrente que o denunciar à autoridade, facilitando a libertação do sequestrado, terá sua pena reduzida de um a dois terços.

Esse dispositivo foi inserido no Código Penal pela Lei dos Crimes Hediondos e teve sua redação alterada pela Lei n. 9.269/96.

Trata-se de causa obrigatória de redução da pena, que, para ser aplicada, exige que o crime tenha sido cometido por pelo menos duas pessoas e que qualquer delas se arrependa (coautor ou partícipe) e delate as demais para a autoridade pública, de tal forma que o sequestrado venha a ser libertado. Para a obtenção do benefício, o agente deve, por iniciativa própria ou quando questionado pela autoridade, prestar informações que efetivamente facilitem a localização e a libertação da vítima. Assim, se as informações prestadas em nada colaborarem para isso, a pena não sofrerá qualquer diminuição. Por isso o nome de "delação eficaz".

Para decidir acerca do *quantum* da redução, o juiz deverá levar em conta a maior ou menor colaboração para a libertação da vítima. Quanto maior a contribuição, maior deverá ser a redução.

4 EXTORSÃO INDIRETA

Art. 160 – Exigir ou receber, como garantia de dívida, abusando da situação de alguém, documento que pode dar causa a procedimento criminal contra a vítima ou contra terceiro:

Pena – reclusão, de um a três anos, e multa.

O crime de extorsão indireta pressupõe a coexistência de três requisitos:

a) Exigência ou recebimento de documento que possa dar causa a processo penal contra a vítima ou terceiro. Na conduta de "exigir", o agente impõe a entrega do documento como condição da entrega do dinheiro ou do aperfeiçoamento de um contrato qualquer (compra e venda, locação etc.). Nessa modalidade o crime é formal, pois consuma-se com a simples exigência, independentemente de a vítima efetivamente entregar o documento. A entrega é, portanto, mero exaurimento do crime. A tentativa somente é possível se a exigência for escrita (caso de extravio). Sendo verbal, não é admissível o *conatus*.

Na modalidade "receber", a iniciativa da proposta é da vítima, que procura o agente e faz a entrega do documento para garantir o fechamento do negócio. Nessa hipótese, o crime é material e somente se consuma com a efetiva tradição do documento ao credor. A tentativa é possível quando o sujeito manifesta sua intenção de receber o documento, mas antes disso é impedido por policiais que chegam ao local.

b) Intenção do agente de garantir ameaçadoramente o pagamento da dívida. Na extorsão indireta, a vítima, para obter o crédito, simula um "corpo de delito" de uma infração penal (falsificação de assinatura, preenchimento de cheque sem fundos, assinatura em duplicata simulada) e entrega o documento ao agente, que, na posse deste, tem maior garantia em torno de seu crédito, uma vez que, na hipótese de inadimplência, estará apto a dar-lhe publicidade e, assim, causar o início de um procedimento criminal. Nesse contexto, a vítima, para evitar tal responsabilização penal, ver-se-ia impelida a saldar de alguma forma a dívida.

Para a configuração do delito em estudo, basta que o citado documento possa, em tese, dar causa ao início de um procedimento criminal. Mesmo que o agente, após a inadimplência, não tome qualquer iniciativa contra a vítima, o crime já estará consumado. Por outro lado, Júlio F. Mirabete diz que, se, ao contrário, o agente efetivamente der causa ao início do procedimento criminal, responderá apenas pela extorsão indireta, ficando absorvido o crime de denunciação caluniosa, que seria *post factum* impunível. Não concordamos com tal opinião já que os bens jurídicos tutelados são distintos, devendo, assim, ser reconhecido o concurso material entre os dois delitos.

Veja-se, também, que não há extorsão indireta na hipótese em que um funcionário de uma empresa efetivamente subtrai valores desta e, ao ser descoberto, assina documento confessando a subtração e comprometendo-se a pagá-la.

A jurisprudência firmou ainda entendimento no sentido de não haver extorsão indireta quando o devedor entrega cheque pré-datado sem fundos ao credor, uma vez que este não pode dar origem a processo-crime, já que o delito de emissão de cheque sem fundos (CP, art. 171, § 2º, VI) é incompatível com o cheque pré-datado.

c) Abuso da situação de necessidade financeira do sujeito passivo. Pode decorrer de dificuldade financeira, desgraça, vício em jogo ou entorpecentes etc. Para a configuração do delito é necessário que o agente saiba que está aproveitando um momento de dificuldade da vítima. Por isso, apesar de se tratar de crime comum, que pode ser praticado por qualquer pessoa, na maioria das vezes o autor da infração é um agiota.

Quadro sinótico – Roubo simples (Roubo próprio)

Objetividade jurídica	O patrimônio, bem como a incolumidade física e a liberdade individual.
Tipo objetivo	"Subtrair coisa móvel alheia, para si ou para outrem, mediante grave ameaça ou violência a pessoa, ou depois de havê-la, por qualquer meio, reduzido à impossibilidade de resistência." Violência é toda forma de força física empregada sobre a vítima (agressões, imobilizações etc.). Abrange as trombadas e os empurrões, bem como arrebentar pulseiras ou correntes causando lesão, dor ou desequilíbrio na vítima. Grave ameaça é a promessa de mal injusto e grave a ser causado no próprio dono do bem ou em terceiro. A simulação de arma e o emprego de arma de brinquedo configuram grave ameaça.

Tipo objetivo	Violência imprópria é a denominação que se dá a quem usa qualquer outro meio para impossibilitar a defesa da vítima do roubo. Ex.: uso de sonífero ou hipnose.
Sujeito ativo	Qualquer pessoa.
Sujeito passivo	O dono do bem subtraído e todas as pessoas que sofrerem a violência ou a grave ameaça.
Consumação	No momento em que o agente se apossa do bem da vítima, ainda que não obtenha a posse mansa e pacífica ou desvigiada (Súmula 582 do STJ).
Tentativa	É possível.
Classificação doutrinária	Crime comum, complexo, comissivo, instantâneo, de ação livre, de dano, doloso e material.
Princípio da insignificância, roubo de uso e privilégio	Nenhum desses institutos é reconhecido em relação ao crime de roubo.
Ação penal	Pública incondicionada.

Roubo impróprio

Conceito	Trata-se de modalidade de roubo em que o agente quer, inicialmente, cometer apenas um furto e já se apossou de algum bem pretendido, porém, logo após a subtração, emprega violência ou grave ameaça a fim de garantir a impunidade do crime ou a detenção da coisa para si ou para terceiro.
Consumação	No exato instante em que for empregada a violência ou a grave ameaça, ainda que o agente não consiga garantir sua impunidade ou a detenção do bem.
Tentativa	Predomina o entendimento de que não é possível, pois, ou o agente emprega a violência ou a grave ameaça e o crime está consumado, ou não o faz, e responde apenas por furto.

Causas de aumento de pena

Se há emprego de arma	O dispositivo abrange o uso de armas próprias e impróprias. Atualmente, predomina o entendimento de que não incide o acréscimo se ocorre simulação de arma, utilização de arma de brinquedo, desmuniciada ou quebrada, por não haver, nesses casos, maior periculosidade na conduta.

Se o crime é cometido mediante concurso de duas ou mais pessoas	Aplica-se a casos de coautoria e participação. Tem-se entendido ser possível o reconhecimento das causas de aumento do emprego de arma e do concurso de agentes no roubo, em concurso material com o delito de associação criminosa armada, porque os bens jurídicos tutelados e os momentos consumativos são distintos.
Se a vítima está em serviço de transporte de valores e o agente conhece tal circunstância	Essa majorante pressupõe que a vítima esteja trabalhando com transporte de valores. Exige, ainda, dolo direto quanto a esta circunstância, porque o tipo penal expressamente pressupõe que o agente saiba disso.
Se a subtração for de veículo automotor que venha a ser transportado para outro Estado ou para o exterior	Pela forma como está redigido esse dispositivo, a qualificadora só se aperfeiçoa se o agente consegue cruzar a divisa ou a fronteira na posse do veículo subtraído. É ainda necessário que ele subtraia o bem com a prévia intenção de transportá-lo a outro Estado ou país.
Se o agente mantém a vítima em seu poder restringindo sua liberdade	Só se aplica quando o agente mantém a vítima consigo por pouco tempo, apenas por alguns minutos. Se a mantiver por tempo maior, por algumas horas, responderá por crime de roubo em concurso material com sequestro (art. 148 do CP).
Âmbito de abrangência das causas de aumento	Aplicam-se ao roubo simples (próprio e impróprio). Não se aplicam ao roubo qualificado pela lesão grave ou morte.

Roubo qualificado pela lesão grave ou morte

Tipificação	De acordo com o texto legal, as qualificadoras só se aperfeiçoam se da violência empregada resultar lesão grave ou morte. Assim, se a morte da vítima decorrer da grave ameaça empregada pelo ladrão, o agente responderá por roubo em concurso formal com homicídio culposo. Exige-se, ainda, que a violência causadora da morte tenha sido empregada durante e em razão do roubo.
Natureza hedionda e causa de aumento	O latrocínio, consumado ou tentado, constitui crime hediondo, nos termos do art. 1º, II, da Lei n. 8.072/90. O roubo qualificado pela lesão grave não se reveste de tal natureza.

Consumação	No momento em que é provocada a lesão grave ou a morte, ainda que o agente não tenha conseguido a subtração (Súmula 610 do STF).
Tentativa	Ocorre quando o agente não consegue provocar a lesão grave ou a morte que pretendia, ainda que tenha conseguido efetivar a subtração.
Natureza preterdolosa	As qualificadoras existem quer tenha havido dolo, quer tenha havido culpa em relação ao resultado agravador. O delito, portanto, pode ser preterdoloso, mas não é exclusivamente desta natureza. Ainda que a morte tenha sido dolosa no latrocínio, o julgamento é feito pelo juízo singular (Súmula 603 do STF).

Extorsão

Objetividade jurídica	O patrimônio, bem como a incolumidade física e a liberdade individual.
Tipo objetivo	"Constranger alguém, mediante violência ou grave ameaça, e com o intuito de obter para si ou para outrem indevida vantagem econômica, a fazer, tolerar que se faça ou deixar de fazer alguma coisa." Se a vantagem visada é devida, o crime é o de exercício arbitrário das próprias razões. Na extorsão, a colaboração da vítima, em fazer ou deixar de fazer algo que o agente determinou, é imprescindível para este obter a vantagem visada.
Sujeito ativo	Pode ser qualquer pessoa.
Sujeito passivo	O dono do bem subtraído e todas as pessoas que sofram a violência ou a grave ameaça.
Elemento subjetivo	É o dolo. Exige-se, ainda, a intenção de obter indevida vantagem econômica que, aliás, é o que diferencia a extorsão do constrangimento ilegal, no qual a intenção do agente é outra qualquer.
Consumação	No momento em que a vítima, coagida, faz o que o agente mandou, ou deixa de fazer o que ele determinou que não fizesse. Trata-se de crime formal pois dispensa a efetiva obtenção da vantagem visada para a consumação (Súmula 96 do STJ).
Tentativa	É possível quando o agente emprega a violência ou a grave ameaça, mas não obtém a ação ou omissão que pretendia da vítima.
Classificação doutrinária	Crime comum, complexo, comissivo, instantâneo, de ação livre, de dano, doloso e formal.
Causas de aumento de pena	Se há emprego de arma ou se o crime é cometido por duas ou mais pessoas.

Figuras qualificadas em razão da provocação de lesão grave ou morte	Só se configuram quando a morte é resultado da violência empregada pelo agente. No caso de morte ou tentativa de morte, o crime é considerado hediondo. As demais regras são as mesmas do roubo qualificado.
Sequestro relâmpago	Se a extorsão é cometida com restrição de liberdade da vítima e esta é condição necessária à obtenção da vantagem econômica, a extorsão considera-se qualificada (art. 158, § 3º, do CP). Ex.: exigir a senha do cartão bancário e manter a vítima em seu poder enquanto efetua saques em caixas eletrônicos ou compras com o cartão. Se a vítima morrer ou sofrer lesão grave, o dispositivo determina que sejam aplicadas as penas do crime de extorsão mediante sequestro qualificado (art. 159, §§ 2º e 3º, do CP).

Extorsão mediante sequestro

Objetividade jurídica	O patrimônio e a liberdade individual.
Tipo objetivo	"Sequestrar pessoa com o fim de obter, para si ou para outrem, qualquer vantagem, como condição ou preço do resgate." É necessário que o sequestro seja de um ser humano. A exigência de resgate para devolução de um cachorro constitui extorsão do art. 158 do CP.
Sujeito ativo	Qualquer pessoa.
Sujeito passivo	Qualquer pessoa.
Elemento subjetivo	É o dolo e a intenção de obter vantagem como condição ou preço do resgate. É necessário que a vantagem visada seja econômica, porque o crime está previsto no título Dos Crimes contra o Patrimônio.
Consumação	No momento do sequestro, independentemente da efetiva obtenção do resgate, que é mero exaurimento do crime. Trata-se de crime permanente, cuja consumação se prolonga no tempo, sendo possível a prisão em flagrante enquanto não houver a libertação da vítima.
Tentativa	É possível quando o agente inicia a abordagem da vítima a fim de capturá-la, mas não consegue fazê-lo. É ainda necessário que se faça prova de que ele pretendia exigir um resgate.
Classificação doutrinária	Crime comum, complexo, comissivo, permanente, de dano, doloso e formal.
Figuras qualificadas	Se o delito dura mais de 24 horas, se a vítima é menor de 18 ou maior de 60 anos, ou se o crime é praticado por quadrilha.

Figuras qualificadas pelo resultado	Se do fato resulta lesão grave ou morte. Essas qualificadoras só se aplicam quando o resultado advém à própria pessoa sequestrada. Configura-se quer tenha havido dolo ou culpa em relação ao resultado agravador.
Natureza hedionda	O crime em estudo é considerado hediondo em todas as suas figuras, simples ou qualificadas (art. 1º, IV, da Lei n. 8.072/90).
Ação penal	Pública incondicionada.

Capítulo III

DA USURPAÇÃO

1 ALTERAÇÃO DE LIMITES

Art. 161, *caput* – Suprimir ou deslocar tapume, marco, ou qualquer outro sinal indicativo de linha divisória, para apropriar-se, no todo ou em parte, de coisa imóvel alheia:

Pena – detenção, de um a seis meses, e multa.

Com esse dispositivo visa a lei resguardar a posse e a propriedade dos bens imóveis.

Apesar de discussão existente a respeito, predomina o entendimento de que se trata de crime próprio, pois somente pode ser praticado pelo vizinho do imóvel alterado.

O delito pode ser cometido de duas maneiras, ou seja, por meio da supressão, retirada, do marco divisório ou por meio do deslocamento deste, evidentemente com a finalidade de se apropriar, ao menos em parte, do imóvel alheio.

A infração penal consuma-se quando ocorre a efetiva supressão ou deslocamento do marco, ainda que o agente não atinja sua finalidade de apropriar-se do imóvel alheio. Cuida-se de crime formal. A tentativa é admissível.

2 USURPAÇÃO DE ÁGUAS

Art. 161, § 1º – Na mesma pena incorre quem:

I – desvia ou represa, em proveito próprio ou de outrem, águas alheias.

Visa a lei resguardar as águas públicas ou particulares que passem por um determinado local, evitando que o dono do terreno sofra prejuízo caso alguém queira desviar o seu curso ou represá-las.

O sujeito ativo pode ser qualquer pessoa, e a vítima é a pessoa que pode sofrer o dano em decorrência do desvio ou represamento.

O crime consuma-se no exato instante em que o agente efetua o desvio ou represamento, ainda que não consiga obter o proveito próprio ou alheio a que o texto legal se refere. Trata-se também de crime formal. A tentativa é possível.

3 ESBULHO POSSESSÓRIO

> Art. 161, § 1º, II – invade, com violência a pessoa ou grave ameaça, ou mediante concurso de mais de duas pessoas, terreno ou edifício alheio, para o fim de esbulho possessório.

Trata-se de infração penal que pressupõe a invasão de propriedade imóvel alheia, edificada ou não, desde que o fato se dê mediante o emprego de violência ou grave ameaça contra pessoa ou, ainda, mediante concurso de mais de duas pessoas. Fragoso, Delmanto e Damásio, interpretando esta última hipótese, entendem que é necessário o envolvimento de pelo menos quatro pessoas: o autor e mais três. Nélson Hungria, ao contrário, entende que basta o concurso de três pessoas.

A infração penal somente existe quando a conduta ocorre "para fim de esbulho possessório" (elemento subjetivo do tipo), ou seja, desde que o agente queira excluir a posse do sujeito passivo, para passar a exercê-la ele próprio.

O sujeito ativo pode ser qualquer pessoa, exceto o dono do imóvel.

Sujeito passivo é o proprietário ou possuidor do imóvel invadido.

A consumação dá-se no momento da invasão, e a tentativa é possível.

> Art. 161, § 2º – Se o agente usa de violência, incorre também na pena a esta cominada.

Assim, se, por ocasião do esbulho, o agente provocar lesões corporais na vítima ou em terceiro, ainda que leves, responderá por aquele e por estas, com as penas aplicadas cumulativamente.

> Art. 161, § 3º – Se a propriedade é particular, e não há emprego de violência, somente se procede mediante queixa.

Essa regra aplica-se para todos os crimes descritos no art. 161 do Código Penal. Dessa maneira, não havendo emprego de violência, a ação penal será privada, caso contrário, pública incondicionada. Além disso, se a propriedade for pública, a ação também será pública incondicionada.

4 SUPRESSÃO OU ALTERAÇÃO DE MARCA EM ANIMAIS

> Art. 162 – Suprimir ou alterar, indevidamente, em gado ou rebanho alheio, marca ou sinal indicativo de propriedade:
>
> Pena – detenção, de seis meses a três anos, e multa.

Esse delito visa proteger a propriedade e a posse dos animais semoventes, tendo como sujeito ativo qualquer pessoa e como vítima o dono do animal. A conduta típica consiste em modificar ou apagar a marca ou qualquer sinal indicativo de propriedade em gado ou rebanho alheios. Quando a lei se refere a "gado", está protegendo a propriedade em relação a animais de grande porte, como bois ou cavalos, e, ao mencionar "rebanho", faz-no em relação aos de menor porte, como porcos, ovelhas etc.

A infração penal apenas existe se o fato ocorre "indevidamente" (elemento normativo do tipo). Assim, é óbvio que quem compra os animais tem o direito de alterar a marca destes sem que cometa o delito.

A consumação ocorre com a simples supressão ou alteração da marca, ainda que o fato se dê em relação a apenas um animal. A tentativa é admissível.

Esse delito fica absorvido pelo crime de furto do animal, sendo, portanto, raramente aplicado na prática.

Capítulo IV

DO DANO

1 DANO SIMPLES

Art. 163, *caput* – Destruir, inutilizar ou deteriorar coisa alheia:

Pena – detenção, de um a seis meses, ou multa.

Trata-se de crime *sui generis* no título dos crimes contra o patrimônio, uma vez que para sua configuração não é necessário que o agente vise a obtenção de lucro, ao contrário do que ocorre, por exemplo, no furto, no roubo, na extorsão, na apropriação indébita, no estelionato etc.

1. Tipo objetivo

a) Destruir. Nesta modalidade, que é a mais grave em relação ao objeto atingido, este deixa de existir em sua individualidade, é eliminado, extinto. Exemplos: colocar fogo em livros, matar um animal, pôr abaixo uma casa, um muro etc.

b) Inutilizar. Nesta modalidade, o objeto continua existindo, mas sem poder ser utilizado para a finalidade a que se destinava. Exemplos: quebrar os ponteiros de um relógio, quebrar as hélices de um ventilador etc.

c) Deteriorar. Trata-se de fórmula genérica que abrange qualquer outra forma de dano que não esteja englobada pelas duas hipóteses anteriores. Exemplos: quebrar o vidro de um carro ou de uma casa, amassar ou riscar a lataria de um veículo etc.

A conduta de pichar, grafitar ou por outro meio conspurcar edificação ou monumento urbano, atualmente configura o crime ambiental do art. 65, *caput*, da Lei n. 9.605/98, cuja pena é de detenção de três meses a um ano e multa. Se o ato, entretanto, for realizado em monumento ou coisa tombada em virtude do seu valor artístico, arqueológico ou histórico, a pena é de seis meses a um ano de detenção e multa (art. 65, parágrafo único).

Por sua vez, a conduta de fazer desaparecer um objeto alheio, sem danificá-lo e sem que se trate de caso de furto, também não constitui delito de dano, já que não se amolda aos verbos contidos no art. 163 do Código Penal. Exemplos: soltar um animal alheio, atirar um anel em um rio etc. É evidente, entretanto, que, nesses casos, existe o ilícito civil.

2. Objeto material. A coisa móvel ou imóvel que tenha dono.

3. Sujeito ativo. Qualquer pessoa, exceto o proprietário do bem danificado. Em se tratando de dano provocado por condômino, haverá crime apenas se o bem for infungível ou, se fungível, quando o valor do prejuízo exceder ao montante da quota-parte do agente. Exemplos: se duas pessoas são donas de um quadro valioso (bem infungível) e uma delas danifica intencionalmente uma pequena parte da obra de arte já está configurado o delito. Se, todavia, elas são donas de 100 quilos de arroz (bem fungível) e uma delas danifica somente sua metade, não há crime por não ter havido prejuízo financeiro à outra.

O proprietário que destrói ou danifica objeto que se encontra em poder de terceiro em razão de contrato (aluguel, p. ex.) ou por determinação judicial (busca e apreensão, p. ex.) incide no delito do art. 346 do Código Penal.

4. Sujeito passivo. O titular do direito de propriedade.

5. Elemento subjetivo. É o dolo, direto ou eventual. Não existe previsão legal de crime de dano culposo.

Saliente-se que, para que exista o crime em estudo é necessário que o dano seja um fim em si mesmo. Assim, quando constitui meio para a prática de outra infração penal, fica por esta absorvido. Exemplo: a destruição de um obstáculo para a subtração de objetos constitui crime de furto qualificado, não sendo possível a acusação por delito de dano.

6. Reparação do dano. Como o dano simples é de ação privada e enquadra-se no conceito de infração de menor potencial ofensivo, a composição civil entre as partes, no que se refere à reparação do prejuízo causado, se homologada pelo juiz na audiência preliminar do Juizado Especial Criminal, implica renúncia ao direito de queixa, gerando a extinção da punibilidade do agente (art. 74, parágrafo único, da Lei n. 9.099/95).

1.1. DANO QUALIFICADO

Nas hipóteses de dano qualificado, previstas no art. 163, parágrafo único, do Código Penal, a pena é de detenção, de seis meses a três anos, e multa, ficando afastada a possibilidade de transação penal para a aplicação imediata de pena de multa ou restritiva de direitos (art. 76 da Lei n. 9.099/95), uma vez que não se trata de infração de menor potencial ofensivo, conceito que abrange apenas os crimes cuja pena máxima não seja superior a dois anos.

Observe-se que no dano qualificado a pena de multa é aplicada cumulativamente com a privativa de liberdade.

> Art. 163, parágrafo único – Se o crime é cometido:
> I – com violência à pessoa ou grave ameaça.

Essa qualificadora somente se aplica quando a violência ou a grave ameaça constituem meio para que o agente consiga danificar o objeto alheio. Assim, se o agente já praticou o dano e, posteriormente, ao ser abordado pela vítima, vem a agredi-la de forma a lhe causar lesões, responde por dano simples em concurso material com delito de lesões corporais.

Por outro lado, mesmo quando ocorre o dano qualificado (violência ou grave ameaça como meio para o delito), se a vítima vier a sofrer lesões, ainda que leves, em decorrência da agressão contra ela perpetrada, haverá aplicação autônoma das penas do dano qualificado e das lesões corporais, em razão de previsão expressa nesse sentido no próprio art. 163, parágrafo único, do Código Penal, que, ao cuidar da pena, estabelece detenção, de seis meses a três anos, e multa, além da pena correspondente à violência.

É indiferente que a violência tenha sido provocada contra o próprio dono do objeto ou contra terceiro. Exemplo: A quer danificar o veículo de B que se encontra no estacionamento de um restaurante e o manobrista do estabelecimento tenta impedir o crime mas acaba sendo agredido por A. O crime é qualificado.

Art. 163, parágrafo único, II – com emprego de substância inflamável ou explosiva, se o fato não constitui crime mais grave.

Temos aqui uma infração penal expressamente subsidiária, que fica absorvida quando o fato constitui crime mais grave, como, por exemplo, homicídio qualificado pelo emprego de fogo ou explosivo (CP, art. 121, § 2º, III), crime de incêndio (art. 250), crime de explosão (art. 251) etc. No homicídio qualificado existe a intenção de matar ou o agente assume o risco de produzir o resultado com o emprego do fogo ou explosivo. Nos crimes de incêndio ou explosão, o agente atinge ou expõe a perigo a vida, a integridade física ou o patrimônio de grande número de pessoas, sendo reservado, portanto, a fatos de grandes dimensões. Se o agente ateia fogo em um monte de roupas da vítima ou se coloca fogo no veículo de alguém que esteja estacionado na rua, comete o crime de dano qualificado.

Art. 163, parágrafo único, III – contra o patrimônio da União, de Estado, do Distrito Federal, de Município ou de autarquia, fundação pública, empresa pública, sociedade de economia mista ou empresa concessionária de serviços públicos.

A finalidade desse dispositivo é conferir especial proteção aos bens públicos, que estão mais expostos à ação de vândalos, pois, conforme se pode verificar facilmente, são incontáveis os casos de dano em telefones públicos, lâmpadas de postes, estádios municipais de futebol, ônibus e metrôs, bancos de praças públicas etc. O dispositivo abrange também danos contra concessionárias de serviço público e sociedades de economia mista. Além disso, como as autarquias integram o patrimônio da União, Estados ou Municípios, o dano que as atinja é qualificado. Ao contrário, não haverá a agravação da pena se o dano for contra empresas públicas ou fundações instituídas pelo poder público.

Se o objeto é particular e está apenas alugado, exemplificativamente, ao Município não se aplica a qualificadora, pois o texto da lei exige que o crime seja contra o "patrimônio da União, Estado" etc.

O Superior Tribunal de Justiça havia firmado entendimento de que a qualificadora não abrangia dano contra patrimônio do Distrito Federal, porque o texto legal não mencionava tal hipótese. Por isso, foi aprovada a Lei n. 13.531, de 07 de dezembro de 2017, que incluiu o Distrito Federal, bem como o dano contra autarquia e fundação pública entre as formas qualificadas.

A subtração de telefone público caracteriza crime de furto e não de dano.

O preso que danifica sua cela para fugir comete o delito de dano qualificado?

Há dois posicionamentos:

a) uma primeira corrente entende que o crime de dano exige um dolo específico, que corresponde à intenção de causar um prejuízo à vítima (*animus nocendi*). Assim, a conduta do preso seria atípica, já que sua finalidade é a fuga e não a provocação de prejuízo ao Estado. É o entendimento adotado no STJ. Para tal tribunal o preso comete falta grave, que gera efeitos negativos na execução da pena, mas não crime de dano;

b) o crime de dano contenta-se com o fato de o agente ter ciência de que está danificando bem alheio, independentemente de intenção específica de gerar prejuízo a outrem. Por isso, o preso responde pelo dano qualificado.

> Art. 163, parágrafo único, IV – por motivo egoístico ou com prejuízo considerável para a vítima.

Temos, em verdade, duas qualificadoras nesse inciso.

A primeira delas refere-se ao motivo egoístico, ou seja, ao dano praticado por quem, com ele, visa satisfazer interesses pessoais.

A segunda tem como razão da maior punição o fato de o agente ter causado um prejuízo patrimonial elevado à vítima. Essa situação deve ser analisada de acordo com o patrimônio específico de cada sujeito passivo e somente será aplicável quando ficar demonstrado que o agente queria causar tal prejuízo considerável.

1.2. AÇÃO PENAL

De acordo com o art. 167 do Código Penal, a ação penal é privada no dano simples e no dano qualificado do inciso IV (motivo egoístico ou prejuízo considerável à vítima). Nas demais formas de dano qualificado (incisos I, II e III), é pública incondicionada.

Como algumas formas qualificadas são de ação pública e o tipo simples é de ação privada, pode surgir um problema processual na hipótese em que o réu é denunciado por uma dessas formas de dano qualificado e, ao final, o juiz entende que a autoria está provada mas a qualificadora não. Nesse caso, o juiz deve realizar a desclassificação para o delito de dano simples e, em vez de condenar o réu, decretar a nulidade da ação, desde o seu princípio, por ilegitimidade da parte, já que a ação foi proposta pelo Ministério Público, quando o correto teria sido a própria vítima fazê-lo (arts. 392, II, e 564, II, do CPP). Daí, a vítima poderá propor novamente a ação, mas apenas se não tiver decorrido o prazo decadencial de seis meses.

2 INTRODUÇÃO OU ABANDONO DE ANIMAIS EM PROPRIEDADE ALHEIA

> Art. 164 – Introduzir ou deixar animais em propriedade alheia, sem consentimento de quem de direito, desde que do fato resulte prejuízo:
>
> Pena – detenção, de quinze dias a seis meses, ou multa.

As condutas típicas são introduzir ou deixar animais em propriedade alheia. A primeira delas é comissiva, pois o agente coloca o animal na propriedade de outrem. A segunda conduta é omissiva, já que o agente não retira o animal que livremente entrara em propriedade alheia, quando era sua obrigação fazê-lo.

Nesse dispositivo a lei protege o imóvel rural ou urbano.

O sujeito ativo pode ser qualquer pessoa, proprietário ou não do animal. É evidente, entretanto, que o dono do imóvel não pode ser autor do delito em tela. Sujeito passivo é o proprietário ou o possuidor do imóvel.

Apesar de a lei mencionar a palavra "animais" (no plural), entende-se que ela foi utilizada como gênero, bastando a introdução ou abandono de um único animal para a configuração do ilícito penal. Para que exista o crime, todavia, o tipo exige que da conduta advenha algum prejuízo financeiro para a vítima. Por isso, pode-se concluir que o crime é material, já que a consumação somente ocorre no instante em que se materializa o prejuízo da vítima. Além disso, por se tratar de delito cuja existência está condicionada à produção de algum prejuízo, pode-se deduzir que a tentativa não é admissível, ou seja, o fato será considerado atípico se o agente introduzir ou abandonar animais em sítio alheio e disso não decorrer qualquer prejuízo à vítima.

É claro, também, que não haverá delito na hipótese de existir prévio consentimento do proprietário ou possuidor (elemento normativo do tipo).

Nos termos do art. 167 do Código Penal, a ação penal é privada.

3 DANO EM COISA DE VALOR ARTÍSTICO, ARQUEOLÓGICO OU HISTÓRICO

> Art. 165 – Destruir, inutilizar ou deteriorar coisa tombada pela autoridade competente em virtude de valor artístico, arqueológico ou histórico:
>
> Pena – detenção, de seis meses a dois anos, e multa.

Revogado pelo art. 62, I, da Lei n. 9.605/98, que pune com reclusão de um a três anos e multa a pessoa que destruir, inutilizar ou deteriorar bem especialmente protegido por lei, ato administrativo ou decisão judicial.

4 ALTERAÇÃO DE LOCAL ESPECIALMENTE PROTEGIDO

> Art. 166 – Alterar, sem licença da autoridade competente, o aspecto de local especialmente protegido por lei:
>
> Pena – detenção, de um mês a um ano, ou multa.

Revogado pelo art. 63 da Lei n. 9.605/98: "Alterar o aspecto ou estrutura de edificação ou local especialmente protegido por lei, ato administrativo ou decisão judicial, em razão de seu valor paisagístico, ecológico, turístico, artístico, histórico, cultural, religioso, arqueológico, etnográfico ou monumental, sem autorização da autoridade competente ou em desacordo com a concedida.

Pena – reclusão, de um a três anos, e multa".

Quadro sinótico – Dano

Objetividade jurídica	O patrimônio.
Tipo objetivo	"Destruir, inutilizar ou deteriorar coisa alheia." O objeto material pode ser móvel ou imóvel.
Sujeito ativo	Qualquer pessoa, exceto o dono.
Sujeito passivo	O dono do bem danificado.
Elemento subjetivo	É o dolo, direto ou eventual. Não existe modalidade culposa. Discute-se, na doutrina e jurisprudência, se o crime de dano pressupõe o chamado *animus nocendi* – intenção específica de causar prejuízo financeiro à vítima. Entendemos que não é necessária tal intenção, bastando que o agente saiba que sua conduta provocará o prejuízo. No STJ, todavia, adotou-se o entendimento que exige o *animus nocendi*.
Consumação	No momento em que o bem é danificado.
Tentativa	É possível.
Classificação doutrinária	Crime comum, simples, de dano, instantâneo, doloso, material, comissivo ou omissivo.
Figuras qualificadas	**a)** Se o crime é cometido com emprego de violência à pessoa ou grave ameaça. Só se aplicam se forem meio para o agente conseguir praticar o dano. Se da violência resultar lesão, ainda que leve, o texto legal ressalva que o agente responde pelos dois crimes.
Figuras qualificadas	**b)** Se o delito é cometido com emprego de substância inflamável ou explosiva. O próprio texto legal, contudo, ressalva que o crime qualificado fica absorvido se o fato constituir crime mais grave. **c)** Se o crime é cometido contra o patrimônio da União, Estado, Distrito Federal, Município, empresa pública, autarquia, fundação pública, sociedade de economia mista ou concessionária de serviço público. **d)** Se o delito é praticado por motivo egoístico ou com prejuízo considerável à vítima.
Ação penal	É privada no dano simples e na figura qualificada pelo motivo egoístico e pelo prejuízo considerável à vítima. É pública incondicionada nas outras formas qualificadas.

Capítulo V

DA APROPRIAÇÃO INDÉBITA

1 APROPRIAÇÃO INDÉBITA

Art. 168, *caput* – Apropriar-se de coisa alheia móvel, de que tem a posse ou a detenção:

Pena – reclusão, de um a quatro anos, e multa.

1. Conceito. A apropriação indébita é um crime que se caracteriza por uma situação de quebra de confiança, uma vez que a vítima espontaneamente entrega um objeto ao agente (para que ele o entregue a terceiro ou o devolva posteriormente), e este, depois de já estar na sua posse ou detenção, inverte seu ânimo em relação ao objeto, passando a comportar-se como dono. Em suma, a vítima entrega uma posse transitória ao agente, e ele não mais restitui o bem.

2. Requisitos

a) A vítima deve entregar ao agente a posse ou a detenção do bem de forma livre, espontânea e consciente, ou seja, o indivíduo deve receber a posse ou a detenção de forma lícita. Assim, a apropriação indébita difere dos crimes contra o patrimônio em geral, uma vez que, nestes, em sua maioria, a infração penal consiste justamente na conduta de entrar na posse de bem alheio de forma ilícita (furto, roubo, extorsão, estelionato etc.), enquanto na apropriação indébita o agente, ao entrar na posse, não está cometendo qualquer delito (a infração penal somente existirá em um momento posterior).

b) A posse ou a detenção devem ser desvigiadas. Se forem vigiadas e o agente, sem autorização, vier a retirar o objeto da esfera de vigilância da vítima, estará cometendo crime de furto.

Considera-se desvigiada a posse quando a vítima entrega o bem ao agente e o autoriza a deixar o local com ele. É o que ocorre, por exemplo, quando alguém aluga um carro em uma locadora, pois, nesse caso, o sujeito é autorizado a deixar o recinto em poder do veículo. Assim, se futuramente ele resolver não devolver o bem, responderá por apropriação indébita.

c) Ao receber o bem o sujeito deve estar de boa-fé, ou seja, ter intenção de devolvê-lo à vítima ou de dar a ele a correta destinação.

Assim, o agente que já recebe o objeto com intenção de apoderar-se dele comete crime de estelionato. Com efeito, em uma de suas modalidades, o art. 171, *caput*, do Código Penal prevê que a vítima espontaneamente incida em erro e que o agente assim a mantenha. Ora, se a vítima supõe que o agente irá devolver o bem, e o sujeito, sabendo de antemão que não irá fazê-lo, mantém-se em silêncio ou emprega outro artifício qualquer para que a vítima efetivamente entregue o objeto, aperfeiçoam-se os requisitos do estelionato e não os da apropriação indébita. Veja-se, pois, que o silêncio é admitido como espécie de fraude (ver comentários ao crime de estelionato).

Quais as diferenças entre a apropriação indébita e o estelionato?

Em razão do que foi mencionado, a doutrina costuma dizer que a diferença consiste no fato de que, na apropriação indébita, o dolo surge após o recebimento da posse ou detenção, enquanto no estelionato o dolo é anterior.

Quando em um caso existe dúvida acerca de ter o réu recebido o objeto de boa ou de má-fé deve-se optar pela condenação por crime de apropriação indébita por duas razões: 1ª) a boa-fé é presumida, enquanto a má-fé (que caracteriza o estelionato) deve ser provada, e, no caso concreto, não existe tal prova; 2ª) a apropriação indébita possui pena um pouco menor que a do estelionato, devendo ser aplicado o brocardo *in dubio pro reo*.

Outra diferença entre os dois crimes é que, no estelionato, o agente necessariamente emprega alguma fraude para entrar na posse do objeto, ao passo que, na apropriação indébita, não há emprego de fraude.

d) O sujeito, depois de estar na posse ou detenção, deve passar a comportar-se como dono da coisa.

Isso pode ocorrer de duas formas:

d1) Com a prática de um ato de disposição que somente poderia ser efetuado pelo proprietário (venda, locação, doação, troca etc.).

Essa primeira modalidade é conhecida como "apropriação indébita propriamente dita" e muito se assemelha ao crime de disposição de coisa alheia como própria (art. 171, § 2º, I, do CP), que pune com reclusão, de um a cinco anos, e multa quem "vende, permuta, dá em pagamento, em locação ou garantia coisa alheia como própria". A distinção é feita da seguinte maneira: na apropriação indébita, o objeto material deve ser necessariamente coisa móvel, enquanto na disposição de coisa alheia pode ser bem móvel ou imóvel. Por sua vez, na apropriação indébita (que é sempre de coisa móvel), o agente deve ter a posse ou detenção do bem, enquanto na disposição de coisa alheia (quando se trata de bem móvel) o agente não pode ter tal posse ou detenção. Assim, se alguém vende coisa móvel alheia que está em sua posse, responde por apropriação indébita, mas se tal bem móvel alheio não estava em sua posse e foi por ele vendido, o crime é o de disposição de coisa alheia como própria.

d2) Quando o agente resolve ficar com a coisa para si e, caso a vítima solicite a devolução, recusa-se a efetuá-la.

Essa modalidade de apropriação indébita é conhecida como "negativa de restituição".

Para que haja o crime, entretanto, é necessário que o sujeito tenha atuado dolosamente no sentido de não devolver o bem. Assim, é evidente que não responde pelo crime o possuidor que simplesmente se esquece de devolvê-lo, ainda que houvesse uma data aprazada para tal devolução.

Também não há crime quando o agente tem direito de retenção do objeto, como em certas hipóteses dos contratos de depósito e mandato (arts. 644 e 681 do Código Civil), pois, nesses casos, o sujeito atua no exercício regular de um direito, causa excludente de ilicitude.

3. Consumação. Diz-se que a apropriação indébita se consuma no exato instante em que o agente inverte o seu ânimo sobre o objeto, ou seja, de mero possuidor ou detentor que era passa a comportar-se como dono. É claro, todavia, que a apuração desse exato momento, no mais das vezes, torna-se tarefa extremamente árdua, quando não impossível, por se tratar de aspecto puramente subjetivo. Assim, na prática, pode-se dizer que o delito se consuma no momento em que o agente, de alguma maneira, exterioriza, dá sinais de que passou a comportar-se como dono. Na apropriação propriamente dita, isso ocorre com a prática do ato de disposição, enquanto na negativa de restituição quando o agente demonstra de forma inequívoca que não irá restituir o objeto à vítima.

4. Tentativa. Na negativa de restituição não é possível porque, ou o agente nega-se a devolver o bem, e o crime está consumado, ou ele cogita de fazê-lo, mas não o faz, não havendo crime algum nesse caso.

Na apropriação propriamente dita a tentativa é admissível quando o agente, por exemplo, não consegue efetuar a venda do bem.

5. Elemento subjetivo. É o dolo. Exige-se, também, o chamado *animus rem sibi habendi*, ou seja, a intenção de ter a coisa para si ou para terceiro com ânimo de assenhoreamento definitivo. Por isso, se a vítima deixa um carro com um mecânico para reparos, e este, durante o fim de semana, utiliza-se dele, sem autorização da vítima, diz para seus amigos que o carro lhe pertence, mas, no início da semana, devolve-o reabastecido à vítima, não responde por crime de apropriação indébita. Trata-se, em verdade, de mero ilícito civil. Falta, nesse caso, o dolo exigido para a configuração do delito ou, em outras palavras, a apropriação indébita de uso não constitui infração penal.

6. Objeto material. Coisa móvel. A apropriação de coisa imóvel é atípica, em razão da descrição legal. A mão de obra contratada e não paga, por sua vez, também não pode ser objeto material, já que não pode ser considerada "coisa", objeto.

7. Sujeito ativo. Qualquer pessoa que tenha a posse ou detenção lícita de um bem. Se o agente é funcionário público e apropria-se de bem público ou particular (sob a guarda da Administração) que tenha vindo a seu poder em razão do cargo que exerce, comete crime de peculato (art. 312, *caput*, do CP).

8. Sujeito passivo. Quem sofre o prejuízo. Normalmente é o proprietário, mas também podem sê-lo o possuidor, o usufrutuário etc. Quem se apropria de bens, proventos, pensão ou outro rendimento de pessoa idosa, incorre no crime especial previsto no art. 102 do Estatuto do Idoso (Lei n. 10.741/2003). Caso a vítima seja portadora de deficiência, o crime será o do art. 89 da Lei n. 13.146/2015 (Estatuto da Pessoa com Deficiência). Esses crimes, por serem especiais, impedem a tipificação do crime de apropriação indébita do art. 168 do Código Penal.

Observações:

a) Se alguém recebe a posse de um cofre trancado com a incumbência de transportá-lo de um local para outro, e no trajeto arromba-o e apropria-se dos valores nele contidos, comete crime de furto qualificado pelo rompimento de obstáculo. Não se pode falar em apropriação indébita, pois, nos dizeres de Nélson Hungria, a posse do continente (cofre) entregue cerrado não implica a posse do conteúdo (valores existentes em seu interior). Assim, não havendo posse em relação a tais valores, não se pode cogitar de apropriação indébita.

b) A prestação de contas ou a interpelação judicial não condicionam a existência do crime de apropriação indébita, exceto em determinadas situações concretas, como, por exemplo, na gestão de negócios, compensação de créditos etc.

c) É possível a apropriação indébita de coisas fungíveis, como, por exemplo, dinheiro. Devemos ter, todavia, um especial cuidado nesses casos, uma vez que, por tratar-se de bem que pode ser substituído por outro, torna-se possível que o agente apenas tenha-se utilizado momentaneamente dele para, na sequência, restituí-lo integralmente ao dono, hipótese em que não teria agido com dolo.

Por outro lado, nos casos em que a posse da coisa fungível decorre de contrato de mútuo ou de depósito, não pode haver apropriação indébita, porque os arts. 587 e 645 do Código Civil estabelecem que nesses contratos ocorre a imediata transferência da propriedade no instante da tradição (entrega). Assim, o sujeito já recebe o bem na condição de dono, situação incompatível com o delito de apropriação indébita, que exige o recebimento de coisa "alheia" e, posteriormente, a inversão de ânimo sobre ela.

1.1. CAUSAS DE AUMENTO DE PENA

> Art. 168, § 1º – A pena é aumentada de um terço, quando o agente recebeu a coisa:
>
> I – em depósito necessário.

O depósito necessário pode ser:

a) Legal. É aquele que decorre de expressa disposição legal (art. 647, I, do Código Civil).

b) Miserável. É o que se efetua por ocasião de alguma calamidade, como incêndio, inundação, saque etc. (art. 647, II, do Código Civil).

c) Por equiparação. É o referente às bagagens dos viajantes, hóspedes ou fregueses, nas hospedarias, hotéis ou pensões onde eles estiverem (art. 649 do Código Civil). É claro que para ocorrer apropriação indébita é necessário que a bagagem esteja sob responsabilidade do hotel. Assim, se existem valores no interior de um quarto de hotel e alguém nele adentra e os subtrai, responde por furto.

No caso do depósito necessário legal, como o agente está exercendo função pública, comete o crime de peculato (art. 312), que é mais grave.

Assim, o disposto no inciso I somente terá aplicação nas hipóteses de depósito necessário miserável ou por equiparação.

> Art. 168, § 1º, II – na qualidade de tutor, curador, síndico, liquidatário, inventariante, testamenteiro ou depositário judicial.

Apesar de tais pessoas exercerem um *munus* público, não respondem por peculato, mas por apropriação indébita, em razão de disposição expressa nesse sentido.

Trata-se de enumeração taxativa que não pode sofrer alteração em face do emprego de analogia. A figura do liquidatário não existe mais, em razão de alteração na Lei de Falências. A figura do síndico, por sua vez, foi substituída pelo administrador judicial, nos termos da Lei n. 11.101/2005 (Lei de Falências), porém, o administrador que se aproprie de algum bem da massa falida comete atualmente crime específico previsto no art. 173 da referida Lei.

> Art. 168, § 1º, III – em razão de ofício, emprego ou profissão.

Emprego é a prestação de serviço com subordinação e dependência, que podem não existir no ofício ou profissão.

Ofício é a ocupação manual ou mecânica que supõe certo grau de habilidade e que é útil ou necessária à sociedade (mecânico de automóvel, costureiro, relojoeiro etc.).

A profissão caracteriza-se pela inexistência de qualquer vinculação hierárquica e pelo exercício predominantemente técnico e intelectual no desempenho das atividades (médicos, advogados, engenheiros etc.).

Observação: O instituto da suspensão condicional do processo previsto no art. 89 da Lei n. 9.099/95, aplicável na apropriação indébita simples, cuja pena mínima é de um ano, não cabe quando presente qualquer das hipóteses do § 1º, pois o aumento de 1/3 previsto na lei faz com que a pena mínima do delito supere o limite já mencionado, que é de um ano.

1.2. APROPRIAÇÃO INDÉBITA PREVIDENCIÁRIA

A Lei n. 9.983/2000 inseriu no art. 168-A do Código Penal o crime de apropriação indébita previdenciária, punindo com reclusão, de dois a cinco anos, e multa quem deixa de repassar à previdência social as contribuições recolhidas dos contribuintes, no prazo legal ou convencional.

O objeto material do crime é a contribuição social que já foi recolhida, mas não foi repassada ao sistema previdenciário dentro do prazo legal ou convencional (ex.: prazo estipulado entre bancos ou agências lotéricas para o repasse ao INSS).

O sujeito ativo é a pessoa responsável por repassar a contribuição recolhida ao sistema previdenciário.

Sujeito passivo é o Estado, representado pelo Instituto Nacional do Seguro Social (INSS).

De acordo com o entendimento sedimentado nas Cortes Superiores, para a configuração do delito basta o dolo genérico, não sendo necessária a específica intenção de se locupletar (*animus rem sibi habendi*).

O crime consuma-se, em tese, com o decurso do prazo para o recolhimento, desde que a conduta seja dolosa. Em relação aos crimes de natureza fiscal ou equiparados, os tribunais superiores firmaram entendimento no sentido de que a ação penal só pode ser ajuizada depois do esgotamento dos recursos administrativos, ou seja, somente após o lançamento definitivo é que a denúncia pode ser oferecida. Acrescenta-se que, antes disso, o prazo prescricional não tem início.

Por se tratar de crime omissivo não admite a tentativa.

É comum que o responsável pelo repasse da contribuição se omita em fazê-lo de forma reiterada, o que, de acordo com o Superior Tribunal de Justiça, configura continuidade delitiva.

No § 1º deste art. 168-A, o legislador estabeleceu que incorre nas mesmas penas quem deixar de:

I – recolher, no prazo legal, contribuição ou outra importância destinada à previdência social que tenha sido descontada de pagamento efetuado a segurados, a terceiros ou arrecadada do público. Nessa modalidade, o sujeito ativo é a pessoa responsável por recolher a contribuição e repassá-la ao sistema previdenciário, e o objeto material do crime é a contribuição social que já foi descontada do contribuinte, mas não foi repassada ao sistema previdenciário dentro do prazo;

II – recolher contribuições devidas à previdência social que tenham integrado despesas contábeis ou custos relativos à venda de produtos ou à prestação de serviços. Tem incidência quando no preço final do produto ou do serviço está embutido o valor das contribuições devidas e estas não são recolhidas para o INSS após contabilizadas;

III – pagar benefício devido a segurado, quando as respectivas cotas ou valores já tiverem sido reembolsados à empresa pela previdência social. Nesta modalidade, a empresa deve ter sido reembolsada pela Previdência Social e não ter pago o benefício ao segurado no prazo. É o que ocorre, por exemplo, com o salário-família reembolsado à empresa pela previdência social. Se o empregador já foi reembolsado pela previdência e não o repassou ao segurado responde pela apropriação de tal valor.

Existem algumas hipóteses expressamente previstas em lei que geram a extinção da punibilidade do agente:

a) se ele, espontaneamente, declara e confessa as contribuições, importâncias ou valores e presta as informações devidas à Previdência Social, na forma definida em lei ou regulamento, antes do início da ação fiscal (art. 168-A, § 2º). A ação fiscal inicia-se com a notificação pessoal do contribuinte a respeito de sua instauração;

b) se a pessoa jurídica relacionada com o agente efetuar o pagamento integral dos débitos, inclusive acessórios (art. 9º, § 2º, da Lei n. 10.684/2003[1]), em qualquer momento da persecução penal. Saliente-se, outrossim, que o art. 9º desta Lei e seu § 1º estabelecem

[1] Existe regra semelhante nos arts. 68 e 69 da Lei n. 11.941/2009.

a suspensão da pretensão punitiva estatal e da prescrição, se a empresa obtiver o parcelamento dos valores devidos, desde que o pedido de parcelamento tenha sido formalizado antes do recebimento da denúncia criminal (art. 83, § 2º, da Lei n. 9.430/96, com a redação dada pela Lei n. 12.382/2011). Para fatos ocorridos antes desta última lei, os tribunais reconhecem a possibilidade de suspensão da pretensão punitiva estatal se o parcelamento tiver sido obtido antes do trânsito em julgado da sentença condenatória.

Em suma, após o advento da Lei n. 12.382/2011, se o agente obtiver o parcelamento antes do recebimento da denúncia, suspendem-se a prescrição e a pretensão punitiva e, em caso de pagamento, extingue-se a punibilidade. Após o início da ação penal, o parcelamento não mais poderá ser obtido, porém, de acordo o entendimento dominante, se o devedor efetuar o pagamento em qualquer fase da persecução, restará também extinta a punibilidade.

O pagamento dos valores devidos após a condenação definitiva não gera a extinção da punibilidade, já que o citado art. 9º menciona expressamente a pretensão punitiva, e não a extinção da pretensão executória.

Estabelece, por fim, o § 3º, que o juiz pode deixar de aplicar a pena (perdão judicial) ou aplicar somente a de multa (figura privilegiada) se o agente for primário e de bons antecedentes, desde que:

I – tenha promovido, após o início da ação fiscal e antes de oferecida a denúncia, o pagamento da contribuição social previdenciária, inclusive acessórios; ou

II – o valor das contribuições devidas, inclusive acessórios, seja igual ou inferior àquele estabelecido pela Previdência Social, administrativamente, como o mínimo para o ajuizamento de suas execuções fiscais.

A regra do inciso I perdeu o sentido na medida em que, conforme já estudado, o pagamento dos valores devidos em qualquer fase da persecução gera a extinção da punibilidade nos termos do art. 9º, § 2º, da Lei n. 10.684/2003 e do art. 69 da Lei n. 11.941/2009.

Já em relação ao inciso II existem duas correntes. A primeira entende que continua a ser aplicável por haver incompatibilidade entre o princípio da insignificância e o bem jurídico tutelado no delito de apropriação indébita previdenciária. Para tal corrente, portanto, se os valores forem inferiores ao mínimo fixado administrativamente para o ajuizamento das execuções fiscais, o juiz somente poderá conceder o perdão judicial ou aplicar pena exclusiva de multa. A propósito: "O art. 168-A, em seu § 3º, inc. II, do Código Penal, evidencia que é inaplicável o princípio da insignificância para o crime em questão, uma vez que expressamente prevê a possibilidade do Perdão Judicial para os valores das contribuições devidas, inclusive acessórios, quando o valor devido seja igual ou inferior àquele estabelecido pela previdência social, administrativamente, como sendo o mínimo para o ajuizamento de suas execuções fiscais. Atualmente, a Portaria n. 4.943, do Ministério da Previdência e Assistência Social, dispõe, em seu art. 4º (redação dada pela Portaria n. 296/MPS de 08 de agosto de 2007), que a Dívida Ativa do INSS de valor até R$ 10.000,00 (dez mil reais) considerada no CNPJ não será ajuizada, exceto se existirem outras dívidas em face do mesmo devedor, hipótese em que serão agrupadas para o fim de ajuizamento" (TRF 3ª Região – 2ª Turma – AP. 1999.08.99.093000 – Rel. Cotrim Guimarães – *DJU* 9-6-1990).

No Supremo Tribunal Federal existem inúmeros julgados negando a possibilidade de aplicação do princípio da insignificância ao delito em estudo. São eles: HC 107.331 – Rel. Min. Gilmar Mendes – 2ª Turma – julgado em 28-5-2013, *DJe*-110 public. 12-6-2013; HC 110.124 – Rel. Min. Cármen Lúcia – 1ª Turma – julgado em 14-2-2012, *DJe*-055 public. 16-3-2012; HC 107.041 – Rel. Min. Dias Toffoli – 1ª Turma – julgado em 13.09.2011, *DJe*-193 public. 07.10.2011; HC 98.021 – Rel. Min. Ricardo Lewandowski – 1ª Turma, julgado em 22-6-2010, *DJe*-149 divulg. 12-8-2010, public. 13-8-2010, ement vol-02410-03, p. 516, RMDPPP v. 7, n. 37, 2010, p. 99-105, LEXSTF v. 32, n. 381, 2010, p. 425-433, RT v. 100, n. 904, 2011, p. 516-520.

Em sentido oposto, o Superior Tribunal de Justiça proferiu várias decisões aplicando o princípio da insignificância, o que tornaria sem efeito a regra do art. 168, § 3º, II, do Código Penal. Nesse sentido: "A Terceira Seção desta eg. Corte Superior firmou orientação, no julgamento do Recurso Especial representativo da controvérsia n. 1.112.748/TO, de minha relatoria, que, no crime de descaminho, o princípio da insignificância somente afasta a tipicidade da conduta se o valor dos tributos elididos não ultrapassar a quantia de dez mil reais, estabelecida no art. 20 da Lei n. 10.522/02. II – A publicação da Portaria MF 75/2012, por não possuir força legal, não tem o condão de modificar o patamar para aplicação do princípio da insignificância (REsp n. 1.393.317/PR, Sexta Turma, Rel. Min. Rogerio Schietti Cruz, *DJe* de 2-12-2014). III – 'A Lei n. 11.457/07 considerou como dívida ativa da União também os débitos decorrentes das contribuições previdenciárias, conferindo-lhes tratamento semelhante ao que é dado aos créditos tributários. Dessa forma, não há porque fazer distinção, na esfera penal, entre os crimes de descaminho, de apropriação indébita ou de sonegação de contribuição previdenciária, razão pela qual é admissível a incidência do princípio da insignificância a estes últimos delitos, quando o valor do débito não for superior a R$ 10.000,00 (dez mil reais)' (AgRg no REsp n. 1.348.074/SP, 5ª Turma, Rel. Min. Moura Ribeiro, *DJe* de 26-8-2014). Agravo regimental desprovido" (AgRg no REsp 1.447.953/SP – Rel. Min. Felix Fischer – 5ª Turma – julgado em 05.02.2015, *DJe* 18-2-2015).

2 APROPRIAÇÃO DE COISA HAVIDA POR ERRO, CASO FORTUITO OU FORÇA DA NATUREZA

Art. 169, *caput* – Apropriar-se alguém de coisa alheia vinda ao seu poder por erro, caso fortuito ou força da natureza:

Pena – detenção, de um mês a um ano, ou multa.

Nesse dispositivo há duas infrações penais distintas: a apropriação de coisa havida por erro e a apropriação de coisa havida por caso fortuito ou força da natureza.

2.1. APROPRIAÇÃO DE COISA HAVIDA POR ERRO

1. Conceito. Exatamente como ocorre na apropriação indébita, nesse crime também é a vítima quem espontaneamente entrega o bem ao agente. A diferença entre os dois delitos reside no fato de que, na apropriação indébita, a vítima entrega o objeto sem estar em erro, enquanto no delito ora em estudo é necessário que a vítima, por algum motivo, esteja em situação de erro, ou seja, com uma incorreta percepção da realidade, que, no caso concreto, será a causa determinante da entrega do bem.

Esse erro pode referir-se:

a) À pessoa a quem é entregue o bem, como, por exemplo, quando uma compra é feita em certa loja para ser entregue no endereço de um aniversariante e os funcionários do estabelecimento entregam-na em local errado ou quando um depósito bancário é feito em conta corrente de pessoa diversa daquela a quem o dinheiro era dirigido, e o beneficiado, após perceber o equívoco, gasta o dinheiro que não lhe pertence.

b) À coisa entregue, como no caso de uma pessoa que compra uma bijuteria, e o vendedor, por equívoco, embrulha e entrega uma pedra preciosa muito parecida, sendo que o adquirente, após receber o bem e perceber o erro, fica com a joia para si.

c) À existência da obrigação ou parte dela. É o que ocorre, v. g., quando uma mulher, por engano, paga novamente uma conta que já havia sido honrada anteriormente por seu marido, e o beneficiário, depois de receber pela segunda vez, percebe o erro e permanece silente para locupletar-se ilicitamente com o segundo pagamento.

2. Observações

a) Na apropriação de coisa havida por erro é indiferente que a entrega tenha sido feita pela própria pessoa que sofre o prejuízo ou por outro em seu nome (como no exemplo mencionado do presente entregue equivocadamente pelos funcionários da loja).

b) A apropriação da coisa havida por erro tem como requisito fundamental que o agente somente perceba o equívoco da vítima depois de já estar na posse ou detenção do bem e que, apenas nesse instante, resolva apoderar-se dele, não o restituindo ao proprietário. Por isso, é muito importante salientar que, se a vítima incide em erro, ainda que não provocado pelo agente, e este, percebendo o engano, emprega alguma fraude (que pode ser até mesmo o seu silêncio) para que a entrega realmente ocorra, haverá crime de estelionato. É que, nos termos do art. 171, *caput*, do Código Penal, existe estelionato quando a vítima incide espontaneamente em erro e o agente emprega fraude para mantê-la em tal situação e, assim, receber o objeto. A hipótese do silêncio é que poderia gerar alguma dúvida, mas é evidente que também constitui fraude, uma vez que, no convívio social, é obrigação de todos alertar quem está em erro, no sentido de que o perceba e não sofra prejuízo em benefício de outrem. Por isso, no exemplo mencionado, em que a esposa procura uma loja para efetuar o pagamento de compras feitas anteriormente, se o funcionário do caixa percebe que o marido de tal mulher já saldara a dívida na véspera e permanece em silêncio para receber pela segunda vez e apoderar-se dos valores, o crime será o de estelionato, mas, se receber o valor do segundo pagamento sem saber do equívoco e, posteriormente, ao efetuar o balanço, perceber o erro e apropriar-se do seu valor, cometerá apropriação de coisa havida por erro.

É claro que também haverá estelionato se o engano da vítima for provocado pelo agente e não espontâneo.

Em razão do que foi exposto, pode-se concluir que para a existência da apropriação de coisa havida por erro são necessários os seguintes requisitos: **a)** que a vítima esteja em erro não provocado (não havendo situação de erro o crime será o de apropriação indébita); **b)** que a vítima espontaneamente entregue o bem ao agente; **c)** que o agente, ao receber o bem, esteja de boa-fé (não perceba o erro da vítima), pois, caso contrário, o crime será o de estelionato; **d)** que, posteriormente, o agente perceba o erro e resolva apoderar-se do objeto.

c) Não há crime quando o agente pensa ter recebido uma doação. Nesse caso não há dolo.

d) Também não há crime se o agente percebe o equívoco posteriormente ao recebimento do bem, mas não tem como devolvê-lo ao proprietário por não saber de quem se trata e não possuir meios para identificá-lo. Ao contrário do que ocorre no crime de apropriação de coisa achada, em que a vítima não sabe onde o bem se extraviou, aqui não existe obrigação de procurar autoridades públicas para efetuar a devolução, até porque o proprietário que incidiu em erro é quem tem condições de procurar a pessoa a quem entregou o objeto por engano.

e) Quanto a objeto material, sujeito ativo, passivo, consumação e tentativa, aplica-se o que foi estudado em relação à apropriação indébita (art. 168 do CP).

2.2. APROPRIAÇÃO DE COISA HAVIDA POR CASO FORTUITO OU FORÇA DA NATUREZA

Estão descritas na 2ª parte do art. 169, *caput*, do Código Penal, sendo que caso fortuito e força da natureza têm quase o mesmo significado, pressupondo um acontecimento acidental e inevitável. Na hipótese de caso fortuito existe alguma participação humana, como no caso de um acidente automobilístico em que alguns objetos existentes na carroceria do veículo são lançados no quintal de uma casa, e o dono desta, ao perceber o ocorrido, apropria-se de tais bens. No caso de força da natureza, o fato ocorre sem qualquer participação inicial do homem, como, por exemplo, na hipótese em que um vendaval lança roupas que estavam no varal de uma casa para o quintal de residência vizinha, e o proprietário desta apodera-se delas.

Esse crime somente existe se o agente sabe que o objeto é alheio e que veio às suas mãos em razão de caso fortuito ou por força da natureza.

3 APROPRIAÇÃO DE TESOURO

> Art. 169, parágrafo único – Na mesma pena incorre:
>
> I – quem acha tesouro em prédio alheio e se apropria, no todo ou em parte, da quota a que tem direito o proprietário do prédio.

O art. 1.264 do Código Civil estabelece que o depósito antigo de coisas preciosas, oculto e de cujo dono não haja memória, uma vez localizado casualmente em prédio alheio, será dividido por igual entre o proprietário deste e quem o encontrar. Por sua vez, o art. 1.265 do mesmo Código diz que "o tesouro pertencerá por inteiro ao proprietário do prédio, se for achado por ele, ou em pesquisa que ordenou, ou por terceiro não autorizado".

Assim, na hipótese do art. 1.265, quem se apodera do tesouro comete crime de furto, sendo, pois, fácil de concluir que o delito de apropriação de tesouro somente se aplica àquele que casualmente o encontra em terra alheia e, tendo de dividi-lo pela metade com o dono do imóvel, acaba apropriando-se, no todo ou em parte, da quota do proprietário garantida pelo art. 1.264 da lei civil.

4 APROPRIAÇÃO DE COISA ACHADA

> Art. 169, parágrafo único, II – quem acha coisa alheia perdida e dela se apropria, total ou parcialmente, deixando de restituí-la ao dono ou legítimo possuidor ou de entregá-la à autoridade competente, dentro no prazo de quinze dias.

O crime em tela tem como objeto material a coisa perdida, assim considerada aquela que se extraviou de seu proprietário ou possuidor em local público ou de uso público. Desse modo, se alguém encontra objeto no interior de uma residência, bem este que, sem êxito, vinha sendo procurado pelo dono, e, sorrateiramente, leva-o embora, comete crime de furto, pois não se trata de coisa perdida.

Por outro lado, quem encontra coisa abandonada não comete crime algum, já que esta não possui dono, pois o antigo proprietário dela se desinteressou e atirou fora. A partir desse momento, a coisa abandonada não pode ser tida como "alheia" em relação a quem a encontra, e, por isso mesmo, o Código Civil estabelece que quem encontra coisa abandonada e dela se apropria passa a ser seu legítimo senhor.

Além disso, se, em razão da má conservação da coisa perdida, quem a encontrou a supôs abandonada, não responde pelo crime, em razão do erro de tipo. Conclui-se, portanto, que somente existirá a infração penal quando o agente tiver ciência de que se trata de coisa perdida.

O objeto esquecido por alguém em local público ou de uso público é considerado coisa perdida, mas, se o esquecimento ocorreu em local privado (casa, escola), o apoderamento constituirá crime de furto.

Também haverá furto se o agente provocar a perda do objeto. Nesse caso, aplicar-se-á ao furto a qualificadora do emprego de fraude.

Por outro lado, haverá apropriação de coisa achada quer tenha sido o encontro casual, quer tenha sido o extravio presenciado pelo agente quando a vítima se afastava do local (desde que não tenha sido por ele provocado). Ao contrário do entendimento de Nélson Hungria, não há subtração nesse último caso, sendo evidente que somente se cogitará de apropriação de coisa achada quando ficar evidenciado que a vítima efetivamente perdera o objeto. É claro, pois, que, se alguém está almoçando em um restaurante e sua carteira vai ao solo sem que ele perceba, mas o fato é visto por outra pessoa, que dela se apodera, existe furto, uma vez que, nesse caso, ainda não se consumara a situação de perda do bem, já que a carteira poderia ser encontrada de imediato pela vítima, que certamente daria pela sua falta por ocasião do pagamento da conta e obviamente a procuraria no chão. Em suma, nesse caso há furto porque o bem ainda estava na esfera de vigilância do dono.

A conduta típica consiste em "apropriar-se" do bem e, como no delito de apropriação indébita, pressupõe a finalidade de ter a coisa para si com fim de assenhoreamento definitivo (*animus rem sibi habendi*). Assim, quem encontra o objeto e conhece o seu dono deve devolvê-lo de imediato. Caso a devolução não seja possível ou o agente não saiba quem é o proprietário, aquele que achou o objeto terá o prazo de quinze dias para efetuar a entrega à autoridade competente (policial ou judiciária – art. 746 do CPC). Se o bem for apreendido em seu poder antes do transcurso desse prazo, não haverá crime (crime a prazo). O delito, portanto, somente se consuma após o transcurso do prazo de quinze dias previsto na lei ou se, antes disso, ficar demonstrado que o agente praticou ato de disposição incompatível com a intenção de devolvê-lo (vendendo-o, p. ex.).

5 FORMA PRIVILEGIADA

> Art. 170 – Nos crimes previstos neste capítulo, aplica-se o disposto no art. 155, § 2º.

O privilégio mencionado nesse dispositivo, que possui os mesmos requisitos e as mesmas consequências do furto privilegiado (art. 155, § 2º, do CP), aplica-se à apropriação indébita (inclusive às hipóteses agravadas do parágrafo único) e às figuras assemelhadas previstas no art. 169 do Código Penal.

Quadro sinótico – Apropriação indébita

Objetividade jurídica	O patrimônio e a posse.

Tipo objetivo	"Apropriar-se de coisa alheia móvel, de que tem a posse ou a detenção." Para a configuração do crime exige-se: **a)** que a vítima entregue o bem ao agente de forma livre, espontânea e consciente; **b)** que a posse seja desvigiada; **c)** que o agente receba o bem de boa-fé; **d)** que depois de já estar na posse o agente inverta o ânimo em relação ao objeto, passando a se comportar como dono, quer dispondo do bem que não lhe pertence, quer ficando com ele definitivamente.
Sujeito ativo	Qualquer pessoa, exceto o dono.
Sujeito passivo	O dono do bem.
Elemento subjetivo	É o dolo. É necessária a intenção de ter a coisa para si ou para outrem em definitivo – *animus rem sibi habendi*. Por isso é que se diz que a apropriação de uso não constitui crime.
Consumação	No momento em que o agente exterioriza a inversão de ânimo em relação ao objeto material.
Tentativa	É possível na hipótese em que o agente pretende vender a coisa alheia que se encontra em sua posse ou detenção e não consegue.
Classificação doutrinária	Crime comum, simples, de dano, instantâneo, doloso, material, comissivo ou omissivo.
Causas de aumento de pena	Se o agente recebeu o bem em depósito necessário, na condição de tutor, curador, inventariante, testamenteiro ou depositário judicial, ou em razão de profissão, emprego ou ofício. Se, todavia, o bem tiver sido recebido no desempenho de função pública, o crime será o de peculato.
Ação penal	É pública incondicionada.

Capítulo VI

DO ESTELIONATO E OUTRAS FRAUDES

1 ESTELIONATO

Art. 171, *caput* – Obter, para si ou para outrem, vantagem ilícita, em prejuízo alheio, induzindo ou mantendo alguém em erro, mediante artifício, ardil, ou qualquer outro meio fraudulento:

Pena – reclusão, de um a cinco anos, e multa.

1. Introdução. O estelionato é um crime que se caracteriza pelo emprego de fraude, uma vez que o agente, valendo-se de alguma artimanha, consegue enganar a vítima e convencê-la a entregar-lhe algum pertence, e, na sequência, locupleta-se ilicitamente com tal objeto.

2. Tipo objetivo. Ao iniciar a execução do estelionato o agente deve, em um primeiro momento, empregar artifício, ardil ou qualquer outra fraude.

Artifício. É a utilização de algum aparato ou objeto para enganar a vítima (disfarce, efeitos especiais, documentos falsos etc.).

Ardil. É a conversa enganosa. O agente engana a vítima apenas com palavras.

Qualquer outro meio fraudulento. É uma fórmula genérica que tem por finalidade englobar qualquer outra artimanha capaz de enganar a vítima, como, por exemplo, o silêncio.

Com efeito, a Exposição de Motivos do Código Penal esclarece que o agente que percebe o estado de erro de alguém que está prestes a lhe entregar um objeto, e, maliciosamente, permanece em silêncio para efetivamente receber o bem, comete estelionato. É possível, assim, praticar estelionato com uma fraude consistente em uma omissão.

Com o emprego de artifício, ardil ou fraude, o agente deve visar, inicialmente, induzir ou manter a vítima em erro. Na primeira hipótese, é o agente quem faz a vítima ter uma percepção errônea da realidade e, na segunda, aquela espontaneamente se equivoca em relação a uma determinada situação, e o agente, percebendo tal erro, mantém-na nesse estado.

O art. 171 exige que "alguém" seja induzido ou mantido em erro, e que, por isso, entregue um bem, próprio ou alheio, ao agente. Esta pessoa pode ser a mesma que sofre o prejuízo ou terceiro. É necessário, porém, que o agente engane uma pessoa, não havendo estelionato, mas furto, por parte de quem "engana" uma máquina, por exemplo, clonando um cartão bancário e sacando dinheiro da conta-corrente alheia junto a um caixa eletrônico. Neste caso, não existe "alguém" que tenha sido ludibriado. Ademais, houve subtração dos valores (retirada não autorizada do dinheiro da conta).

Para a existência do estelionato, o resultado final visado pelo agente deve ser a obtenção de uma vantagem ilícita em prejuízo alheio e de natureza econômica, já que o estelionato é um crime contra o patrimônio. Vale frisar que a vantagem deve ser ilícita, pois, caso contrário, o crime seria o de exercício arbitrário das próprias razões (art. 345 do CP) – empregar fraude para que o devedor pague o que deve.

O estelionato é um crime que exige duplo resultado porque sua caracterização pressupõe, de um lado, a obtenção de vantagem ilícita e, de outro, a efetiva ocorrência de um prejuízo para a vítima. Esses resultados normalmente são concomitantes, mas é possível que um deles ocorra e o outro não (que a vítima sofra o prejuízo e o agente não consiga obter a vantagem, p. ex.). Nesse caso, o crime não se terá consumado.

3. Consumação. Conforme acima mencionado, o estelionato é um crime material que somente se consuma no instante em que o agente efetivamente consegue obter a vantagem ilícita por ele visada. Isso decorre da própria redação do art. 171 cujo núcleo é o verbo "obter".

4. Tentativa. É possível em várias situações:

a) O agente emprega a fraude e não consegue enganar a vítima.

Nesse caso somente haverá tentativa se a fraude empregada era idônea para enganar a vítima. Se ficar constatado que o agente não conseguiu induzir ou manter a vítima em erro porque a fraude era absolutamente inidônea, não haverá tentativa de estelionato, mas sim crime impossível por absoluta ineficácia do meio.

Na hipótese anterior aventada de crime impossível por absoluta ineficácia da fraude costuma-se dizer que se deve levar em conta a vítima do caso concreto e não o critério do homem médio, uma vez que, na maioria das vezes, o estelionatário escolhe vítimas mais humildes, de pouca instrução ou pouco afeitas aos negócios ou até mesmo estrangeiras, para conseguir enganá-las com fraudes que poderiam não ludibriar o homem médio. Assim, trata-se de hipótese em que a inidoneidade da fraude deve ser considerada não apenas no aspecto objetivo, considerando-se, também, a vítima do caso concreto. Temos, pois, as seguintes hipóteses:

Se o juiz verifica que a fraude é idônea – que pode enganar as pessoas em geral – não há que se cogitar de crime impossível, porque o meio empregado objetivamente é eficaz. Por isso, se a vítima, eventualmente, descobrir a fraude, haverá tentativa de estelionato.

Se o juiz verifica que a fraude é inapta a enganar pessoas em geral e efetivamente não ludibriou a vítima, há que se reconhecer o crime impossível, mas, se em virtude da pouca instrução dela ou por outra razão qualquer, acabou sendo enganada e sofrendo o prejuízo, haverá crime consumado.

b) O agente emprega a fraude, engana a vítima, mas ela não chega a entregar bens ou valores para ele. É o que ocorre, por exemplo, quando terceira pessoa intervém e alerta a vítima de que se trata de um golpe, evitando que ela efetue a entrega que estava prestes a fazer.

c) O agente engana a vítima, que sofre o prejuízo, mas ele não obtém a vantagem visada. Exemplo: fraude empregada por telefone, em que a vítima é convencida a remeter algo ao agente, mas o bem se extravia, desaparecendo no trajeto.

5. Sujeito ativo. Pode ser tanto aquele que emprega a fraude quanto aquele que recebe a vantagem ilícita. Exemplo: A e C previamente combinados colocam o crime em prática e, assim, A emprega fraude e convence B a entregar um objeto para C. Após a entrega, C desaparece, ficando com o objeto.

No exemplo anterior, C participou da própria execução do delito e, portanto, é um dos autores da infração penal.

Por outro lado, lembrando que para a existência de estelionato é necessário que o agente vise "proveito próprio ou alheio", fica a pergunta:

por qual crime responde o terceiro, destinatário da vantagem, que, ao contrário da hipótese mencionada, não participa da execução do crime?

Se esse destinatário de alguma maneira tiver estimulado a prática do crime, será partícipe do estelionato. Se, entretanto, não o tiver estimulado, mas, posteriormente, ao receber o objeto das mãos do estelionatário, estiver ciente da sua origem, responderá por receptação; se não tiver ciência da origem, não responderá por qualquer infração penal.

6. Sujeito passivo. Pode ser tanto quem sofre o prejuízo quanto quem é ludibriado pela fraude (na maioria das vezes é a mesma pessoa).

Para a caracterização do crime de estelionato é necessário que a conduta tenha atingido pessoa ou pessoas determinadas. É que o art. 171 exige que o agente obtenha vantagem ilícita em prejuízo "alheio", exigindo, com isso, a identificação do sujeito passivo. Por isso, condutas que visam vítimas indeterminadas, como na adulteração de taxímetro, de bombas de gasolina ou de balanças, mesmo que constituam fraudes utilizadas com o intuito de obter vantagem ilícita, tipificam crime contra a economia popular (art. 2º, XI, da Lei n. 1.521/51).

Aqueles que obtêm ou tentam obter ganhos ilícitos em detrimento do povo ou de número indeterminado de pessoas mediante mecanismos conhecidos como correntes ou pirâmides respondem por crime específico previsto no art. 2º, IX, da Lei n. 1.521/51 (crime contra a economia popular). Nessas pirâmides ou correntes uma pessoa ingressa com certa quantia, visando receber esse valor multiplicado. Por isso, existe a necessidade de, após o seu ingresso, um número cada vez maior de participantes aderir à corrente, configurando uma progressão geométrica. Em determinado momento, contudo, a corrente acabará "quebrando" pela impossibilidade de se encontrar novos participantes e, como consequência, haverá perda patrimonial aos últimos que nela ingressaram – provavelmente em grande número. Em virtude da descrição típica – obter ou tentar obter ganhos ilícitos – é possível concluir que todos os que participam dessas pirâmides ou correntes cometem o delito, pois presume-se que todos conheçam a lei e, portanto, sabem que a corrente se romperá e causará prejuízos a terceiros. Não há crime, contudo, quando a corrente não envolve valores financeiros.

Se o agente se aproveita da inexperiência de pessoa menor de 18 anos ou alienada mental para induzi-la a praticar ato suscetível de provocar-lhe prejuízo, pratica o crime de abuso de incapazes, previsto no art. 173 do Código Penal.

7. Questões

Por qual crime responde o agente que falsifica cheques (ou documentos em geral) como artifício para ludibriar a vítima?

Há, ao todo, quatro entendimentos acerca do tema:

1) Os crimes de estelionato e falsificação de documento (CP, art. 297) devem ser aplicados autonomamente em concurso material, uma vez que atingem bens jurídicos diversos, o que impede que um absorva o outro. Argumenta-se também que, se não fosse assim, não haveria aplicação prática para o art. 297, § 2º, que equipara os títulos ao portador ou transmissíveis por endosso (cheque, p. ex.) a documento público.

2) Os crimes devem ser aplicados autonomamente em concurso formal. Esse posicionamento, em verdade, não diverge do primeiro em relação à autonomia dos delitos. A única distinção diz respeito ao aspecto da aplicação da pena, por entender-se que a conduta é uma só e, portanto, passível de aplicação do concurso formal.

3) A falsificação de documento público absorve o estelionato, uma vez que possui pena maior (reclusão, de 2 a 6 anos, e multa).

4) A falsificação do documento fica absorvida pelo estelionato por tratar-se de crime-meio (princípio da consunção). Na prática, esse é o entendimento adotado desde o advento da Súmula 17 do Superior Tribunal de Justiça: "Quando o falso se exaure no estelionato, sem mais potencialidade lesiva, é por este absorvido".

De acordo com essa súmula, quando o agente falsifica um cheque alheio e engana o vendedor de uma loja, fazendo-se passar pelo correntista, só responde pelo crime de estelionato porque, nesse caso, o cheque foi entregue ao vendedor, e o golpista não pode mais usá-lo (o falso se exauriu no estelionato). No entanto, se o agente tivesse também falsificado um documento de identidade para apresentá-lo ao vendedor no momento da compra com o cheque falso, o agente responderia por dois crimes: estelionato e falsificação do documento de identidade. É que este último documento permanece com o agente após o crime, subsistindo, portanto, potencialidade lesiva, tal como menciona a súmula.

O que é torpeza bilateral? Existe crime de estelionato nessa hipótese?

Ocorre torpeza bilateral quando a vítima também age de má-fé no caso concreto, ou seja, se também possui intenção de obter lucro ilícito. É o caso, por exemplo, de quem é ludibriado pelo agente e compra uma máquina pensando que ela faz dinheiro falso.

Nélson Hungria entende que não há estelionato porque a lei não pode amparar a má-fé da vítima. Além disso, o agente não poderia responder pelo ilícito penal, já que a própria vítima estaria proibida de requerer a reparação do dano na esfera civil por não poder pleitear em juízo alegando sua própria torpeza.

Prevalece, entretanto, a opinião no sentido de que existe o crime de estelionato (Heleno C. Fragoso, M. Noronha, Fernando Capez). Os argumentos que justificam tal posicionamento são os seguintes: **a)** o fato é típico, pois não se pode ignorar a má-fé do agente que empregou a fraude e obteve a vantagem, nem o fato de a vítima ter sido enganada e sofrido o prejuízo; **b)** a reparação do dano na esfera civil é matéria que interessa apenas a vítima, mas a punição do estelionatário visa proteger toda a sociedade. Esse é o entendimento adotado nas Cortes Superiores.

Quem banca jogo de azar comete estelionato?

Não, comete a contravenção do art. 50 da Lei das Contravenções Penais. Haverá estelionato, entretanto, se for utilizada alguma fraude no sentido de excluir totalmente a possibilidade de vitória por parte dos apostadores.

Qual a diferença entre o estelionato e o crime de tráfico de influência previsto no art. 332 do Código Penal?

O tráfico de influência é crime contra a Administração Pública, pois o agente visa obter alguma vantagem a pretexto de influir na conduta de funcionário público no exercício de suas funções. Trata-se de crime especial em relação ao estelionato.

E entre estelionato e curandeirismo?

Se o agente cobra apenas por consultas, o crime é o de curandeirismo, mas se promete curas impossíveis e cobra quantias consideráveis pelo tratamento, o crime é o de estelionato. É necessária análise do caso concreto.

Nota-se no título dos crimes contra o patrimônio que vários delitos têm a característica de a própria vítima entregar o objeto ao agente. É, contudo, facilmente perceptível a diferença entre eles:

a) na apropriação indébita (art. 168) a vítima faz a entrega de livre e espontânea vontade, ou seja, não é coagida e não está em erro;

b) na apropriação de coisa havida por erro (art. 169), como o próprio nome diz, a vítima entrega o objeto porque está em erro. Tal equívoco não é provocado pelo agente e ele só o percebe depois de já estar na posse do bem e resolve não o restituir;

c) no estelionato (art. 171) podem acontecer duas situações: na primeira, a vítima entrega o bem por estar em erro provocado por uma fraude empregada pelo agente; na segunda, a própria vítima incide em erro e o agente, antes de receber o objeto, percebe o equívoco e emprega a fraude justamente para mantê-la em erro e, assim, receber o objeto;

d) em uma das modalidades do crime de extorsão (art. 158) é a própria vítima quem entrega seus pertences ao agente, mas o faz em razão do emprego de violência ou grave ameaça por parte deste.

1.1. FORMA PRIVILEGIADA

> Art. 171, § 1º – Se o criminoso é primário, e é de pequeno valor o prejuízo, o juiz pode aplicar a pena conforme o disposto no art. 155, § 2º.

Essa forma de privilégio aplica-se à espécie de estelionato descrita no *caput* e também às figuras previstas no § 2º.

Para que seja reconhecido o privilégio, o agente deve ser primário e o prejuízo da vítima, de pequeno valor (inferior a um salário mínimo). Para se analisar a existência do pequeno valor, deve-se levar em conta o momento consumativo do crime. Em razão disso, eventual reparação posterior do dano não tem o condão de possibilitar a aplicação do benefício.

Além disso, como na tentativa de estelionato a vítima não sofre qualquer prejuízo, há que se levar em conta o montante do prejuízo que o sujeito causaria caso consumasse a infração.

As consequências do privilégio são as mesmas do furto privilegiado (art. 155, § 2º, do CP).

2 DISPOSIÇÃO DE COISA ALHEIA COMO PRÓPRIA

> Art. 171, § 2º – Nas mesmas penas incorre quem:
>
> I – vende, permuta, dá em pagamento, em locação ou em garantia coisa alheia como própria.

Nesse § 2º a lei descreve uma série de subtipos do estelionato que possuem a mesma pena da figura fundamental do *caput*. Na maioria deles, como no estelionato comum, é necessário que o agente vise obter uma vantagem ilícita em prejuízo alheio e que induza ou mantenha a vítima em erro. O legislador, entretanto, elevou algumas espécies de fraude a tipo penal autônomo. Na hipótese desse inciso I, o agente se passa por dono de um certo bem (móvel ou imóvel) e o negocia com terceiro de boa-fé, sem possuir autorização para tanto, causando, assim, prejuízo para essa pessoa. O crime consuma-se com o recebimento do preço. No caso da locação, a consumação ocorre com o recebimento do valor do aluguel. A tentativa é possível.

O crime existe ainda que o agente entregue o bem, posto que, nesse caso, quem sofre o prejuízo é o dono do objeto. Suponha-se que uma pessoa alugue uma casa que não lhe pertença e deixe o pretenso inquilino residir no local, sem que o proprietário tenha conhecimento a respeito. Nesse caso, quem sofre o prejuízo é o proprietário do imóvel, que não recebe os aluguéis.

Trata-se de crime de ação vinculada, pois o tipo penal descreve os modos de execução (vender, permutar, locar, dar em pagamento ou garantia). A enumeração legal é taxativa e não abrange o mero compromisso de compra e venda.

3 ALIENAÇÃO OU ONERAÇÃO FRAUDULENTA DE COISA PRÓPRIA

> Art. 171, § 2º, II – vende, permuta, dá em pagamento ou em garantia coisa própria inalienável, gravada de ônus ou litigiosa, ou imóvel que prometeu vender a terceiro, mediante pagamento em prestações, silenciando sobre qualquer dessas circunstâncias.

Coisa inalienável é aquela que não pode ser vendida em razão de determinação legal, convenção (doação com cláusula de inalienabilidade, p. ex.) ou testamento.

Coisa gravada de ônus é aquela sobre a qual pesa um direito real em decorrência de cláusula contratual ou disposição legal (art. 1.225 do Código Civil). É o caso da hipoteca e da anticrese, por exemplo.

Coisa litigiosa, por sua vez, é aquela objeto de discussão judicial (usucapião contestado, reivindicação etc.).

Há, por fim, crime na alienação ou oneração de imóvel que o agente prometeu vender a terceiro mediante pagamento de prestações. Veja-se que, nessa hipótese, o objeto material tem de ser coisa imóvel, ao contrário das anteriores, em que pode ser bem móvel ou imóvel.

Saliente-se, ainda, que a alienação ou a oneração dos bens, em si, não constitui crime. O ilícito penal consiste em silenciar a respeito das circunstâncias a que a lei se refere.

4 DEFRAUDAÇÃO DE PENHOR

> Art. 171, § 2º, III – defrauda, mediante alienação não consentida pelo credor ou por outro modo, a garantia pignoratícia, quando tem a posse do objeto empenhado.

Com a celebração do contrato de penhor o bem normalmente é entregue ao credor. Excepcionalmente, entretanto, o objeto pode ficar em poder do devedor, e, neste caso, se ele o alienar sem autorização do credor ou de alguma outra forma inviabilizar o objeto como garantia da dívida (destruindo-o, ocultando-o, inutilizando-o etc.), cometerá o delito em tela.

O sujeito ativo desse crime é o devedor, que, apesar do contrato de penhor, estava na posse do bem e o alienou em prejuízo do credor. Sujeito passivo é o credor, que, com a alienação, ficou sem a garantia de sua dívida.

O objeto material deve ser coisa móvel porque somente esta pode ser empenhada.

A consumação ocorre quando o agente aliena, destrói o objeto. A tentativa é possível.

5 FRAUDE NA ENTREGA DE COISA

> Art. 171, § 2º, IV – defrauda substância, qualidade ou quantidade de coisa que deve entregar a alguém.

A presente infração penal pressupõe uma situação jurídica envolvendo duas pessoas na qual uma tem o dever de entregar objeto, móvel ou imóvel, à outra, porém, de alguma forma, modifica-o fraudulentamente, de modo que possa prejudicar a outra parte. Essa alteração pode recair sobre a própria substância (entregar objeto de vidro no lugar de cristal, cobre no lugar de ouro), sobre a qualidade (entregar mercadoria de segunda no lugar de primeira, objeto usado como novo) ou sobre a quantidade (dimensão, peso).

O crime somente se consuma com a efetiva entrega do objeto, e a tentativa é admissível (se a vítima, p. ex., percebe a fraude e rejeita o objeto).

6 FRAUDE PARA RECEBIMENTO DE INDENIZAÇÃO OU VALOR DE SEGURO

> Art. 171, § 2º, V – destrói, total ou parcialmente, ou oculta coisa própria, ou lesa o próprio corpo ou a saúde, ou agrava as consequências da lesão ou doença, com o intuito de haver indenização ou valor de seguro.

Requisito indispensável desse crime é a prévia existência de um contrato de seguro em vigor, sem o qual haveria crime impossível.

A lei pune alternativamente três condutas:

a) destruir ou ocultar, no todo ou em parte, coisa própria;

b) lesionar o próprio corpo ou saúde;

c) agravar as consequências da lesão ou doença.

Além disso, para que exista o crime é necessário que o agente tenha atuado com intenção de receber o valor do seguro. O delito, entretanto, é formal e consuma-se no momento da conduta (destruir, ocultar, autolesionar etc.), ainda que o agente não consiga receber o que pretendia. A tentativa é possível, como, por exemplo, no caso de quem tenta empurrar seu veículo morro abaixo e é impedido por terceiros.

O sujeito ativo é o segurado e o passivo, a seguradora.

O bem jurídico tutelado nessa infração é o patrimônio do segurador, sendo a coisa ou o corpo do agente meros instrumentos do delito.

7 FRAUDE NO PAGAMENTO POR MEIO DE CHEQUE

Art. 171, § 2º, VI – emite cheque, sem suficiente provisão de fundos em poder do sacado, ou lhe frustra o pagamento.

1. Tipo objetivo. Esse dispositivo prevê duas condutas típicas autônomas:

a) Emitir cheque sem fundos. Nessa hipótese, o agente preenche e põe o cheque em circulação (entrega-o a alguém) sem possuir a quantia respectiva em sua conta bancária.

b) Frustrar o pagamento do cheque. Nessa modalidade, o agente possui a quantia no banco por ocasião da emissão do cheque, mas, antes de o beneficiário conseguir recebê-la, saca o dinheiro ou susta o cheque.

2. Observações

a) Para que exista o crime é necessário que o sujeito tenha agido de má-fé quando da emissão do cheque. Assim, não responde pelo delito quem imaginou possuir a quantia no banco ou quem não conseguiu ou se esqueceu de "cobrir" a conta corrente após a emissão do cheque. Nesse sentido, a Súmula 246 do Supremo Tribunal Federal: "Comprovado não ter havido fraude, não se configura o crime de emissão de cheque sem fundos".

b) O cheque tem natureza jurídica de ordem de pagamento à vista e, assim, qualquer atitude que lhe retire esta característica afasta a incidência do crime. É o caso, por exemplo, da emissão de cheque pré-datado ou do cheque dado como garantia de dívida.

   Nada impede, porém, a responsabilização por estelionato comum se comprovado o dolo de obter vantagem ilícita no momento da emissão.

c) É necessário que a emissão do cheque tenha sido a causa direta do convencimento da vítima e, portanto, a razão de seu prejuízo e do locupletamento do agente. Por isso, entende-se que não há crime na emissão de cheque sem fundos para pagamento de dívida anterior não paga, pois, nesse caso, o prejuízo da vítima é antecedente ao cheque e não decorrência deste. É o que ocorre, por exemplo, quando uma pessoa causa um acidente, provocando danos materiais em outro automóvel, e, como pagamento pelos prejuízos por ela causados, emite um cheque sem fundos. Não há crime porque o prejuízo era anterior, ou seja, foi a colisão entre os veículos que causou o prejuízo e não a emissão do cheque. Veja-se, ainda, que, com o recebimento do cheque, o dono do carro abalroado passa a ter uma situação jurídica mais vantajosa, pois, antes de sua emissão, se ele quisesse receber o valor em juízo teria de ingressar primeiro com uma ação de conhecimento e, posteriormente, executá-la. Ao contrário, estando em poder do cheque, poderá executá-lo diretamente, já que se trata de título executivo. Por sua vez, quando alguém faz uma compra e efetua o pagamento com um cheque sem fundos, existe o crime em análise na medida em que foi o uso do cheque que induziu a vítima a entregar a mercadoria, sendo, portanto, a causa de seu prejuízo.

d) Também não há crime na emissão de cheque sem fundos em substituição de outro título de crédito não honrado. Trata-se, também, de hipótese de prejuízo anterior.

e) Quando o agente susta o cheque ou encerra a conta corrente antes de emitir a cártula, responde pelo estelionato comum (CP, art. 171, *caput*). Não incide no crime do art. 171, § 2º, VI, do Código Penal, porque a fraude empregada foi anterior à emissão do cheque.

f) Para a configuração do delito exige-se que a emissão do cheque tenha gerado algum prejuízo patrimonial para a vítima. Assim, entende-se não configurar ilícito penal a emissão de cheque sem fundos para pagamento de dívida de jogo proibido ou de programa com prostituta.

g) Nas hipóteses de cheque especial, em que o banco garante o pagamento até um determinado valor, somente haverá crime se este for ultrapassado. Por sua vez, se o banco honra o cheque por estar dentro do limite garantido e o cliente não efetua a recomposição da importância, não há crime, porque o cheque não foi emitido em favor do banco. Há, nessa hipótese, mero ilícito civil, decorrente do descumprimento de obrigação contratual entre as partes.

h) Existe divergência na hipótese em que alguém recebe um cheque nominal e, ao tentar sacá-lo no banco, fica sabendo da inexistência de fundos mas resolve não ficar com o prejuízo e, dessa forma, usa o cheque para fazer uma compra perante terceiro, e, para tanto, endossa a cártula. Argumentam alguns que o endosso equivale à emissão porque recoloca o título em circulação, e, por isso, configura o crime do art. 171, § 2º, VI. Para outros, endosso e emissão são institutos distintos, de forma que o endossante responde por estelionato comum.

3. Consumação. Apenas quando o banco sacado formalmente recusa o pagamento, quer em razão da ausência de fundos, quer em razão da contraordem de pagamento. Nesse sentido, a Súmula 521 do Supremo Tribunal Federal: "O foro competente para o processo e julgamento dos crimes de estelionato, sob a modalidade de emissão dolosa de cheque sem provisão de fundos, é o do local onde se deu a recusa do pagamento pelo sacado". O Superior Tribunal de Justiça editou a Súmula 244 no mesmo sentido.

Basta uma única apresentação e recusa do cheque pelo banco para que o crime esteja consumado.

Não é suficiente a simples emissão do cheque para que o crime esteja consumado, e, por isso, ainda que a emissão do cheque sem fundos tenha sido dolosa, se o agente se arrepende e deposita o valor respectivo no banco antes da apresentação da cártula, haverá arrependimento eficaz e o fato tornar-se-á atípico.

E se o agente somente se arrepender depois da consumação (após a recusa por parte do banco) e ressarcir a vítima?

De acordo com a Súmula 554 do Supremo Tribunal Federal, o pagamento do cheque emitido sem provisão de fundos, antes do início da ação penal, retira a justa causa para sua propositura. Por essa súmula, o pagamento do valor do cheque antes do recebimento da denúncia funciona como causa extintiva da punibilidade. Mesmo após a criação do instituto do arrependimento posterior (art. 16 do CP), pela reforma da Parte Geral do Código Penal, em 1984, a jurisprudência continua aplicando a súmula, por razões de política criminal. Essa súmula não se aplica, todavia, a outras espécies de estelionato.

Já o pagamento do cheque efetuado após o recebimento da denúncia, mas antes da sentença de 1ª instância, implica o reconhecimento da atenuante genérica prevista no art. 65, III, *b*, do Código Penal.

4. Tentativa. É possível em ambas as modalidades:

a) o agente, de má-fé, emite um cheque sem fundos, e um parente ou um amigo deposita o valor no banco antes da apresentação da cártula, sem que o sujeito tenha feito qualquer pedido nesse sentido;

b) após a emissão dolosa de um cheque sem fundos, o agente envia correspondência ao banco sustando o título de crédito, mas a carta é extraviada.

5. Sujeito ativo. O titular da conta corrente do cheque emitido. Se uma pessoa apodera-se de cheque de outrem, preenche-o sem autorização do correntista e faz aquisições com referida cártula, comete crime de estelionato comum (CP, art. 171, *caput*), ainda que o banco não tenha percebido a existência da falsificação e o tenha devolvido por insuficiência de fundos. Aliás, tal estelionato consumou-se no exato instante em que o agente fez a aquisição, uma vez que a consumação do estelionato comum ocorre no momento da obtenção da vantagem ilícita. Nesse sentido, a Súmula 48 do Superior Tribunal de Justiça: "Compete ao juízo do local da obtenção da vantagem ilícita processar e julgar crime de estelionato cometido mediante falsificação de cheque".

6. Sujeito passivo. É a pessoa que sofre o prejuízo em decorrência da recusa de pagamento pelo banco sacado.

8 CAUSAS DE AUMENTO DE PENA

> Art. 171, § 3º – A pena aumenta-se de um terço, se o crime é cometido em detrimento de entidade de direito público ou de instituto de economia popular, assistência social ou beneficência.

O aumento aplica-se, portanto, quando a infração penal atinge o patrimônio da União, dos Estados, dos Municípios e do Distrito Federal, bem como suas autarquias e entidades paraestatais. A Súmula 24 do Superior Tribunal de Justiça estabelece, ainda, que "aplica-se ao crime de estelionato, em que figure como vítima entidade autárquica da Previdência Social, a qualificadora do § 3º do art. 171 do Código Penal". Se o agente, com o emprego da fraude, passa a auferir, mensalmente, benefícios indevidos em prejuízo da autarquia, a infração adquire caráter permanente, e a prescrição só passa a correr a partir do último recebimento. O aumento será ainda aplicável quando o delito atingir instituto de economia popular, entidades de assistência social ou beneficência, uma vez que o prejuízo causado a tais instituições reflete em todos os seus beneficiários.

9 DUPLICATA SIMULADA

> Art. 172, *caput* – Emitir fatura, duplicata ou nota de venda que não corresponda à mercadoria vendida, em quantidade ou qualidade, ou ao serviço prestado.
>
> Pena – detenção, de dois a quatro anos, e multa.

Nas vendas a prazo, com a emissão da nota e da fatura, é possível que o vendedor emita uma duplicata, que, por tratar-se de título de crédito, pode ser colocada em circulação. Assim, o vendedor pode descontar antecipadamente o valor nela contido com terceira pessoa (instituições financeiras, na maioria das vezes), e esta, por ocasião do vencimento, receber do comprador a quantia respectiva.

Uma duplicata também pode ser emitida em decorrência da prestação de um serviço.

Acontece que, se a duplicata, fatura ou nota de venda for emitida sem que corresponda a uma efetiva venda ou serviço prestado, poderá gerar prejuízo para quem a descontar. Isso porque, na data do vencimento da duplicata, é evidente que a pessoa que constar no título como adquirente da mercadoria negar-se-á a pagar o seu valor, já que, na realidade, nada adquiriu.

Por essa razão, o legislador incriminou a simples conduta de "emitir", ainda que disso não advenha efetivo prejuízo para terceiros. Trata-se de crime formal, que se consuma com a simples emissão da duplicata, fatura ou nota fiscal. Emitir, todavia, não é apenas preencher e, sim, colocar a duplicata em circulação.

A tentativa, por sua vez, é inadmissível, pois, ou o agente emite o documento, e o crime está consumado, ou não o faz, e o fato é atípico.

9.1. FALSIDADE NO LIVRO DE REGISTRO DE DUPLICATAS

> Art. 172, parágrafo único – Nas mesmas penas incorrerá aquele que falsificar ou adulterar a escrituração do Livro de Registro de Duplicatas.

Esse dispositivo é desnecessário porque, em sua ausência, o agente responderia pelo crime de falsificação de documento público.

Trata-se de delito que somente ganha autonomia quando o autor da falsificação não emite qualquer duplicata baseada na escrituração falsa do livro. Em outras palavras, se o agente falsificar ou adulterar o livro para servir de base para a emissão da duplicata simulada, o fato será considerado crime-meio e ficará absorvido; se falsificar ou adulterar o livro depois da emissão da duplicata, o fato será considerado *post factum* impunível. Percebe-se, assim, que o crime em tela atinge apenas a boa-fé nos títulos e documentos, já que dele não decorre prejuízo patrimonial e, portanto, a vítima é o Estado. Daí por que o delito não deveria estar descrito dentre os crimes contra o patrimônio, pois nada mais é do que uma falsidade documental.

Sujeito ativo do crime é o autor da falsificação ou adulteração.

"Falsificar" significa criar completamente a escrituração, enquanto "adulterar" pressupõe a prévia existência de uma escrituração válida que venha a ser modificada pelo agente. Para que exista o crime, entretanto, é necessário que o produto da falsificação ou adulteração seja capaz de iludir, pois, se a falsificação for grosseira, perceptível *ictu oculi*, o fato será atípico (crime impossível).

O crime consuma-se com a falsificação ou adulteração, independentemente da obtenção de qualquer vantagem econômica. A tentativa é admissível quando o agente é flagrado iniciando a execução do crime.

10 ABUSO DE INCAPAZES

> Art. 173 – Abusar, em proveito próprio ou alheio, de necessidade, paixão ou inexperiência de menor, ou da alienação ou debilidade mental de outrem, induzindo qualquer deles à prática de ato suscetível de produzir efeito jurídico, em prejuízo próprio ou de terceiro:
>
> Pena – reclusão, de dois a seis anos, e multa.

Abusar significa fazer mau uso, aproveitar-se de alguém. No delito em tela, o abuso consiste em o agente valer-se da necessidade, paixão ou inexperiência de pessoa menor de 18 anos ou portadora de doença mental e, assim, convencê-la a praticar um ato jurídico que possa produzir efeito em seu próprio prejuízo ou em prejuízo de terceiro.

Para a existência do crime é necessário, além do dolo direto ou eventual, que o agente tenha intenção de obter vantagem econômica para si ou para outrem. Pela redação típica, conclui-se, entretanto, que o crime é formal, ou seja, consuma-se com a prática do ato pela vítima, ainda que dele não advenha qualquer vantagem efetiva para o agente ou para terceiro. A tentativa é possível quando a vítima, induzida pelo agente, não consegue praticar o ato jurídico que pretendia.

O abuso de incapazes diferencia-se do estelionato porque não é cometido mediante fraude e porque é crime formal.

11 INDUZIMENTO À ESPECULAÇÃO

Art. 174 – Abusar, em proveito próprio ou alheio, da inexperiência ou da simplicidade ou inferioridade mental de outrem, induzindo-o à prática de jogo ou aposta, ou à especulação com títulos ou mercadorias, sabendo ou devendo saber que a operação é ruinosa:

Pena – reclusão, de um a três anos, e multa.

Essa figura penal também exige a situação de abuso, mas aqui o sujeito passivo deve ser pessoa inexperiente (com pouca vivência nos negócios), simples (sem malícia) ou com desenvolvimento mental deficiente (índice de inteligência inferior ao normal). A lei, portanto, visa proteger o patrimônio das pessoas simplórias, rústicas, ignorantes, que são as mais facilmente ludibriadas. Para a configuração do delito é necessário que o agente, com intenção de obter lucro para si ou para outrem, aproveite-se dessa condição da vítima para convencê-la à prática de jogo, aposta ou especulação com títulos ou mercadorias. Exige-se também que o agente saiba ou deva saber que tal ato é ruinoso, ou seja, que ele tenha certeza ou que as circunstâncias tragam um prognóstico claro a esse respeito. Cuida-se de crime formal, que se consuma com a prática do ato pela vítima, ainda que dele não advenha qualquer vantagem para o agente ou para terceiro. A lei pune a má-fé do sujeito, e, assim, o crime existe ainda que a vítima venha a lucrar com a operação. A tentativa é admissível.

12 FRAUDE NO COMÉRCIO

Art. 175 – Enganar, no exercício de atividade comercial, o adquirente ou consumidor:

I – vendendo, como verdadeira ou perfeita, mercadoria falsificada ou deteriorada;

II – entregando uma mercadoria por outra:

Pena – detenção, de seis meses a dois anos, ou multa.

§ 1º – Alterar em obra que lhe é encomendada a qualidade ou o peso de metal ou substituir, no mesmo caso, pedra verdadeira por falsa ou por outra de menor valor; vender pedra falsa por verdadeira; vender, como precioso, metal de outra qualidade:

Pena – reclusão, de um a cinco anos, e multa.

Trata-se de delito que protege não só o patrimônio, mas também a boa-fé que deve existir nas relações comerciais.

O sujeito ativo deve ser comerciante, pois, se não o for, o crime será o de fraude na entrega de coisa (CP, art. 171, § 2º, IV). Trata-se, portanto, de crime próprio.

Nos termos da lei, sujeito passivo pode ser qualquer adquirente ou consumidor, até mesmo outro comerciante que adquira o objeto.

A primeira conduta típica é "vender" mercadoria falsificada ou deteriorada como se fosse verdadeira ou perfeita. Atualmente, entretanto, é difícil imaginar situação que não esteja revogada pelo art. 7º da Lei n. 8.137/90, que trata dos crimes contra as relações de consumo. O inciso III do mencionado artigo refere-se a hipóteses de mercadoria falsificada ao punir com detenção, de dois a cinco anos, ou multa quem "misturar gêneros e mercadorias de espécies diferentes, para vendê-los ou expô-los à venda como puros; misturar gêneros e mercadorias de qualidades desiguais para vendê-los ou expô-los à venda por preço estabelecido para os de mais alto custo". De outro lado, o inciso IX do mesmo artigo refere-se a situações de mercadoria deteriorada, ao prever a mesma pena para quem "vender, ter em depósito para vender ou expor à venda ou, de qualquer forma, entregar matéria-prima ou mercadoria, em condições impróprias para consumo".

A segunda conduta típica prevista no art. 175 consiste em entregar uma mercadoria por outra, enganando o consumidor. O engodo pode referir-se à própria substância, sua qualidade ou quantidade. Ressalte-se, mais uma vez, que, se o agente não for comerciante, o crime será o de fraude na entrega de coisa.

As figuras do art. 175 consumam-se no momento da entrega do objeto material ao adquirente ou consumidor. A tentativa é possível quando a vítima percebe a fraude e recusa-se a receber o bem.

Já no § 1º temos a descrição de delito mais gravemente apenado, chamado de "fraude no comércio de metais ou pedras preciosas". Nesse dispositivo, a lei incrimina as seguintes condutas: **a)** alterar a qualidade ou o peso de metal em obra encomendada; **b)** substituir pedra verdadeira por falsa ou outra de menor valor em obra encomendada; **c)** vender pedra falsa por verdadeira; **d)** vender, como precioso, metal de outra natureza.

> Art. 175, § 2º – É aplicável o disposto no art. 155, § 2º.

Esse dispositivo permite a aplicação do privilégio a todas as formas de fraude no comércio previstas no art. 175 do Código Penal. Os requisitos e as consequências são os mesmos do furto privilegiado.

13 OUTRAS FRAUDES

> Art. 176 – Tomar refeição em restaurante, alojar-se em hotel ou utilizar-se de meio de transporte sem dispor de recursos para efetuar o pagamento:
>
> Pena – detenção, de quinze dias a dois meses, ou multa.
>
> Parágrafo único – Somente se procede mediante representação, e o juiz pode, conforme as circunstâncias, deixar de aplicar a pena.

A lei descreve três condutas distintas.

A primeira delas é tomar refeição em restaurante sem dispor de recursos para efetuar o pagamento. A lei refere-se genericamente a restaurante, de tal forma que abrange lanchonetes, bares, cafés etc. A doutrina entende que a utilização da expressão "tomar refeição em restaurante" afasta a aplicação do dispositivo quando o agente é servido em sua residência. Por fim, saliente-se que a palavra "refeição" engloba as bebidas.

A segunda conduta é alojar-se em hotel sem dispor de recursos para efetuar o pagamento. A punição estende-se a fatos ocorridos em motéis, pensões etc.

A última conduta típica é utilizar-se de meio de transporte (ônibus, táxi, trem, metrô, barco) sem possuir recursos para efetuar o pagamento.

Os crimes consumam-se com a utilização ainda que parcial do serviço (alimentação, hospedagem ou transporte). A tentativa é possível.

Em face da redação típica, que exige que o agente não disponha de recursos para o pagamento, entende-se que não há crime nas chamadas "pinduras" realizadas pelos estudantes de direito, desde que eles disponham de numerário para pagar a conta do restaurante. Também não há crime quando o agente se recusa a efetuar o pagamento por discordar do valor cobrado na conta apresentada.

Quem paga restaurante com cheque sem fundos comete o crime do art. 171, § 2º, VI, do Código Penal.

O parágrafo único do artigo em análise traça duas regras distintas:

a) a ação penal é pública condicionada à representação;
b) o juiz pode conceder o perdão judicial conforme as circunstâncias do caso (pequeno valor, antecedentes favoráveis etc.). Havendo estado famélico, o fato não será considerado crime em face do estado de necessidade.

14 FRAUDES E ABUSOS NA FUNDAÇÃO OU ADMINISTRAÇÃO DE SOCIEDADE POR AÇÕES

> Art. 177, *caput* – Promover a fundação de sociedade por ações, fazendo, em prospecto ou em comunicação ao público ou à assembleia, afirmação falsa sobre a constituição da sociedade, ou ocultando fraudulentamente fato a ela relativo:
>
> Pena – reclusão, de um a quatro anos, e multa, se o fato não constitui crime contra a economia popular.

Trata-se de infração penal em que o fundador da sociedade por ações (sociedade anônima ou comandita por ações) "induz ou mantém em erro os candidatos a sócios, o público ou presentes à assembleia, fazendo falsa afirmação sobre circunstâncias referentes à sua constituição ou ocultando fato relevante desta. Podem girar sobre elas falsa informação a respeito de subscrições ou entradas, de recursos técnicos da companhia, de nomes de pseudoinvestidores etc. Na forma omissiva, pode o agente cometer o crime ocultando o nome de fundadores, de problemas técnicos etc., cujo conhecimento poderia prejudicar ou impedir a subscrição de ações e a própria constituição da sociedade" (Júlio F. Mirabete, *Manual de direito penal*, 8. ed., Atlas, p. 318).

A fraude pode constar de prospecto ou de comunicação feita ao público ou à assembleia geral.

Trata-se de crime formal que se consuma no momento da afirmação falsa ou omissão. A tentativa somente é possível na forma comissiva, apesar de existirem vários autores sustentando que nem em tal figura admite-se o *conatus*.

Esse dispositivo é expressamente subsidiário, uma vez que, nos termos da lei, não será aplicado quando o fato constituir crime contra a economia popular.

Art. 177, § 1º – Incorrem na mesma pena, se o fato não constitui crime contra a economia popular:

I – o diretor, o gerente ou o fiscal de sociedade por ações, que, em prospecto, relatório, parecer, balanço ou comunicação ao público ou à assembleia, faz afirmação falsa sobre as condições econômicas da sociedade, ou oculta fraudulentamente, no todo ou em parte, fato a elas relativo;

II – o diretor, o gerente ou o fiscal que promove, por qualquer artifício, falsa cotação das ações ou de outros títulos da sociedade;

III – o diretor ou o gerente que toma empréstimo à sociedade ou usa, em proveito próprio ou de terceiro, dos bens ou haveres sociais, sem prévia autorização da assembleia geral;

IV – o diretor ou o gerente que compra ou vende, por conta da sociedade, ações por ela emitidas, salvo quando a lei o permite;

V – o diretor ou o gerente que, como garantia de crédito social, aceita em penhor ou em caução ações da própria sociedade;

VI – o diretor ou o gerente que, na falta de balanço, em desacordo com este, ou mediante balanço falso, distribui lucros ou dividendos fictícios;

VII – o diretor, o gerente ou o fiscal que, por interposta pessoa, ou conluiado com acionista, consegue a aprovação de conta ou parecer;

VIII – o liquidante, nos casos dos ns. I, II, III, IV, V e VII;

IX – o representante da sociedade anônima estrangeira, autorizada a funcionar no País, que pratica os atos mencionados nos ns. I e II, ou dá falsa informação ao Governo.

No § 1º o legislador pune o diretor, o gerente e, em alguns casos, o fiscal e o liquidante que incidam em fraude em afirmação referente à situação econômica da empresa, realizem falsa cotação de ações, tomem emprestado ou usem indevidamente bens ou haveres da sociedade, comprem ou vendam ilegalmente ações, prestem caução ou penhor ilegais, distribuam lucros ou dividendos fictícios ou aprovem fraudulentamente conta ou parecer.

Todos esses delitos também são subsidiários em relação aos crimes contra a economia popular.

O dispositivo também incrimina o representante de sociedade estrangeira autorizada a funcionar no país que faça comunicação falsa ou se omita fraudulentamente quanto à situação econômica da empresa ou que promova falsa cotação de ações ou títulos desta, ou, ainda, que preste informação falsa ao Governo.

> Art. 177, § 2º – Incorre na pena de detenção, de seis meses a dois anos, e multa, o acionista que, a fim de obter vantagem para si ou para outrem, negocia o voto nas deliberações de assembleia geral.

Esse dispositivo perdeu importância prática depois que o art. 118 da Lei n. 6.404/76 permitiu o acordo de acionistas, inclusive quanto ao exercício do direito de voto. Dessa forma, somente existe a infração penal se a negociação envolvendo o voto não estiver revestida das formalidades legais ou contrariar texto expresso de lei.

O crime consuma-se com a negociação, independentemente da efetiva votação. A tentativa é admissível.

15 EMISSÃO IRREGULAR DE CONHECIMENTO DE DEPÓSITO OU *WARRANT*

> Art. 178 – Emitir conhecimento de depósito ou *warrant*, em desacordo com disposição legal:
>
> Pena – reclusão, de um a quatro anos, e multa.

A matéria tratada nesse dispositivo tem seu fundamento no Decreto n. 1.102, de 1903, que permite a emissão do conhecimento de depósito e do *warrant* quando mercadorias são depositadas em armazéns gerais. Esses títulos, negociáveis por endosso, são entregues ao depositante, sendo que o primeiro é documento de propriedade da mercadoria e confere ao dono o poder de disponibilidade sobre a coisa, enquanto o segundo confere ao portador direito real de garantia sobre as mercadorias. Assim, quem possui ambos tem a plena propriedade das mercadorias.

Conforme se pode verificar pela própria redação do artigo, a simples emissão não constitui crime. Delito é a circulação desses títulos em desacordo com disposição legal. Trata-se de norma penal em branco, complementada pelo decreto acima citado. De acordo com seus dizeres, a emissão é irregular quando: **a)** a empresa não está legalmente constituída (art. 1º); **b)** inexiste autorização do governo federal para a emissão (arts. 2º e 4º); **c)** inexistem as mercadorias especificadas como depósito; **d)** há emissão de mais de um título para a mesma mercadoria ou gêneros especificados nos títulos; **e)** o título não apresenta as exigências legais (art. 15).

Sujeito ativo é quem emite o conhecimento de depósito ou *warrant* em desacordo com os ditames da lei. Sujeito passivo é o endossatário ou portador que recebe o título sem saber da ilegalidade.

O delito consuma-se com a circulação do título. A tentativa não é possível, pois, ou o agente o coloca em circulação consumando a infração, ou não o faz, hipótese em que o fato é atípico.

16 FRAUDE À EXECUÇÃO

> Art. 179 – Fraudar execução, alienando, desviando, destruindo ou danificando bens, ou simulando dívidas:
>
> Pena – detenção, de seis meses a dois anos, ou multa.
>
> Parágrafo único – Somente se procede mediante queixa.

Pressuposto desse crime é a existência de uma sentença a ser executada ou de uma ação executiva. O agente, então, com o fim de fraudar a execução, desfaz-se de seus bens por meio de uma das condutas descritas na lei (alienando, desviando, destruindo ou danificando bens ou, ainda, simulando dívidas).

Sujeito ativo é o devedor. Se for empresário e for decretada sua quebra, o ato caracterizará crime falimentar (art. 168 da Lei n. 11.101/2005). Sujeito passivo é o credor que está promovendo a execução.

Trata-se de crime material que somente se consuma quando a vítima sofre algum prejuízo patrimonial em consequência da atitude do agente. A tentativa é possível quando o sujeito pratica o ato, mas não consegue fraudar a execução por existirem outros bens que garantam o direito do credor.

A ação penal é privada. Se a fraude, entretanto, atingir execução promovida pela União, Estado ou Município, a ação será pública incondicionada, nos termos do art. 24, § 2º, do Código de Processo Penal.

Quadro sinótico – Estelionato

Objetividade jurídica	O patrimônio e a posse.
Tipo objetivo	"Obter, para si ou para outrem, vantagem ilícita, em prejuízo alheio, induzindo ou mantendo alguém em erro, mediante artifício, ardil ou qualquer outro meio fraudulento."
Sujeito ativo	Qualquer pessoa.
Sujeito passivo	O dono do bem.
Elemento subjetivo	É o dolo.
Consumação	No momento em que o agente obtém a vantagem ilícita visada.
Tentativa	É possível em várias situações, inclusive naquela em que a vítima sofre o prejuízo e o agente não obtém a vantagem que pretendia. Se o agente não conseguir enganar a vítima por ter empregado uma fraude totalmente inidônea, haverá crime impossível por absoluta ineficácia do meio.
Classificação doutrinária	Crime comum, simples, de dano, instantâneo, doloso, material, comissivo ou omissivo.
Figuras equiparadas	I – Disposição de coisa alheia como própria. II – Alienação ou oneração fraudulenta de coisa própria. III – Defraudação do penhor. IV – Fraude na entrega de coisa. V – Fraude para recebimento de indenização ou valor de seguro. VI – Fraude no pagamento por meio de cheque.
Ação penal	É pública incondicionada.

Capítulo VII

DA RECEPTAÇÃO

A receptação, delito dos mais importantes do título dos crimes contra o patrimônio, está descrita no art. 180 do Código Penal e subdivide-se em dolosa e culposa.

A receptação dolosa, por sua vez, possui as seguintes figuras:

a) simples, que pode ser própria (*caput*, 1ª parte) ou imprópria (*caput*, 2ª parte);

b) qualificada (§ 1º);

c) majorada (§ 6º);

d) privilegiada (§ 5º, 2ª parte).

1 RECEPTAÇÃO DOLOSA

1.1. RECEPTAÇÃO PRÓPRIA

Art. 180, *caput*, 1ª parte – Adquirir, receber, transportar, conduzir ou ocultar, em proveito próprio ou alheio, coisa que sabe ser produto de crime...

Pena – reclusão, de um a quatro anos, e multa.

1. Introdução

A receptação é um crime acessório, uma vez que constitui pressuposto indispensável de sua existência a ocorrência de um crime anterior. Ocorre, por exemplo, quando alguém compra um televisor roubado, ou conduz um carro furtado etc.

Como a lei se refere a "produto de crime", a conduta que envolva produto de contravenção não implicará reconhecimento de receptação, podendo constituir outra infração penal ou conduta atípica, dependendo do caso.

A receptação é crime contra o patrimônio, mas não tem como requisito que o delito antecedente também seja crime desse título (furto, roubo etc.). Assim, quem adquire, por exemplo, objeto produto de peculato (crime contra a Administração Pública) comete receptação.

Existe receptação de receptação?

Sim, e respondem pelo crime todos aqueles que, nas sucessivas negociações envolvendo o objeto, tenham ciência da origem espúria do bem. Desse modo, ainda que tenha ocorrido uma quebra na sequência, haverá receptação, como, por exemplo, na seguinte hipótese: o receptador *A* vende o objeto furtado para B, que não sabe da origem ilícita, e este, por sua vez, vende-o a C, que tem ciência da origem espúria do objeto. É evidente que, nesse caso, *A* e C respondem pela receptação, pois o objeto não deixa de ser produto de furto apenas porque B não sabia da sua procedência ilícita.

Existe receptação ainda que o crime antecedente seja de ação privada e não tenha sido apresentada queixa ou, sendo o delito de ação pública condicionada, não tenha a vítima oferecido a representação. Em tais casos, entretanto, o Ministério Público terá de provar, incidentalmente, a ocorrência do crime anterior. É claro, entretanto, que o agente, nesse processo, somente poderá ser condenado pela receptação e nunca pelo delito anterior.

A receptação, por sua vez, é sempre crime de ação pública incondicionada.

A pena da receptação dolosa simples é de um a quatro anos de reclusão e multa, não guardando relação com a sanção cominada ao crime anterior, que pode ser maior (roubo, extorsão etc.), igual (furto simples, apropriação indébita) ou menor (furto privilegiado, apropriação de coisa achada etc.). Essa ausência de relação com a pena do crime anterior também ocorre nas demais formas de receptação (imprópria, qualificada, culposa etc.). Trata-se, pois, de crime acessório cuja pena em abstrato não guarda proporção com a gravidade do crime anterior. No próprio Código Penal existe tratamento completamente diverso em outros crimes, como, por exemplo, no uso de documento falso (art. 304), que é também delito acessório – sua existência pressupõe que anteriormente tenha ocorrido crime de falsificação do documento – em que a pena prevista para o uso é exatamente a mesma prevista para quem o falsificou. Assim, como a pena para quem falsifica documento público é de reclusão de dois a seis anos e multa, para quem o usa ela será a mesma. No caso de documento particular a pena é de reclusão de um a cinco anos e multa, sendo igual também para quem desse documento fizer uso.

2. Condutas típicas

a) Adquirir. Significa obter a propriedade, a título oneroso (compra e venda, permuta) ou gratuito (doação).

b) Receber. Obter a posse, ainda que transitoriamente.

c) Transportar. Levar um objeto de um local a outro. Ex.: o motorista que, com seu caminhão, transporta carregamento de eletrodomésticos roubados.

d) Conduzir. Refere-se à hipótese em que o agente dirige um veículo para levá-lo de um local a outro (guiar, dirigir).

e) Ocultar. Esconder, colocar o objeto em um local onde não possa ser encontrado por terceiros.

A Lei n. 12.683/2012 alterou a redação do art. 1º da Lei n. 9.613/98, que trata dos crimes de lavagem de dinheiro, e passou a punir com pena de reclusão, de três a dez anos, e multa, quem "ocultar ou dissimular a natureza, origem, localização, disposição, movimentação ou propriedade de bens, direitos ou valores provenientes, direta ou indiretamente, de infração penal". Nesse crime, porém, pressupõe-se a específica intenção de dissimular a origem dos bens ou valores e dar-lhes, fraudulentamente, aparência lícita, a fim de serem reintroduzidos na economia formal, requisitos inexistentes na receptação.

A receptação é crime de ação múltipla porque contém várias condutas típicas – vários verbos – separados pela conjunção alternativa "ou". Quando um delito possui essa característica haverá crime único se mais de uma conduta típica for cometida em relação ao mesmo objeto material. Assim, se uma pessoa adquire um objeto roubado e depois transporta-o de um local a outro, comete crime único de receptação.

3. Consumação. No exato instante em que o agente adquire, recebe, transporta, conduz ou oculta o bem. Nas três últimas modalidades, a receptação é considerada crime permanente, ou seja, a consumação protrai-se no tempo durante todo o período em que o agente está transportando, conduzindo ou ocultando o bem, situação que permite a prisão em flagrante a qualquer momento. Não se pode dizer o mesmo em relação aos verbos "adquirir" e "receber", que são delitos instantâneos. Em razão disso, não é admissível a prisão em flagrante de quem adquire um televisor ciente de sua origem espúria, mas somente é encontrado em poder dele, na sala de sua casa, alguns anos depois.

4. Tentativa. A receptação própria é crime material, sendo, em tese, possível a figura da tentativa. Suponha-se, por exemplo, que uma pessoa é contratada para conduzir um veículo roubado e acaba sendo flagrada antes de tomar sua direção.

5. Sujeito ativo. Qualquer pessoa. Trata-se de crime comum.

O autor, o coautor ou o partícipe do crime antecedente somente respondem por este delito e nunca pela receptação. Assim, quem "encomenda" um carro para um furtador é partícipe do furto, uma vez que influenciou o autor da subtração a cometê-la, respondendo por este crime e não pela receptação.

Não obstante, o tipo não exigir que a coisa seja alheia, é evidente que o dono do objeto não pode cometer receptação quando adquire objeto que lhe havia sido roubado ou furtado anteriormente. É que uma pessoa não pode ser sujeito ativo e passivo de um crime contra o seu próprio patrimônio. Excepcionalmente, entretanto, o proprietário poderá responder por receptação, como, por exemplo, na hipótese em que toma emprestado dinheiro de alguém e deixa com o credor algum bem como garantia da dívida (mútuo pignoratício). Na sequência, sem que haja ajuste com o dono, uma pessoa furta o objeto e o oferece ao proprietário, que o adquire com a intenção de locupletar-se com tal conduta. Em tal caso existe receptação, uma vez que o patrimônio do credor foi lesado, já que perdeu a garantia que possuía sobre a dívida. Nesse caso, a vítima da receptação é o credor.

O advogado pode cometer receptação quando recebe objeto produto de crime como remuneração por serviços prestados ao autor do delito antecedente. Não existe nenhuma imunidade para os causídicos.

6. Sujeito passivo. É a mesma vítima do crime antecedente. A receptação não faz surgir um novo sujeito passivo.

7. Objeto material. Para que uma coisa possa ser objeto material da receptação ela deve ser "produto de crime", ou seja, deve ter sido obtida pelo autor do crime antecedente justamente por meio da sua conduta delituosa. Por isso, o instrumento do crime (revólver usado para um roubo) ou o preço do delito (pagamento pelo homicídio de alguém) não pode ser considerado objeto material da receptação. Assim, quem guarda o instrumento do crime a fim de "dar cobertura" ao criminoso responde por favorecimento pessoal (CP, art. 348).

Não descaracteriza a receptação o fato de o objeto ter sofrido transformação (ainda que para dinheiro) para depois ser transferido ao receptador, porque a lei refere-se indistintamente a produto de crime. Assim, tanto responde por receptação quem adquire um anel de ouro roubado como quem obtém uma barra de ouro fruto do derretimento da joia subtraída.

O bem imóvel pode ser objeto material de receptação?

Heleno C. Fragoso e Júlio F. Mirabete respondem afirmativamente sob o argumento de que, ao contrário do que ocorre em crimes como furto, roubo, apropriação indébita etc., na receptação a lei não exige que a coisa seja móvel.

É evidente, entretanto, que tais autores somente admitem o imóvel como objeto material nas hipóteses que, em tese, seriam compatíveis com tal situação, excluindo essa possibilidade em relação aos verbos "ocultar", "transportar" e "conduzir", que são totalmente incompatíveis com os bens imóveis.

Damásio de Jesus, Nélson Hungria e Magalhães Noronha, por seu turno, entendem que a receptação não pode ter um imóvel como objeto material, pois a própria palavra "receptação" significa dar abrigo, esconder, implicando sempre movimentação do objeto. Argumentam, pois, que a necessidade de deslocamento do bem está implícita na própria nomenclatura do delito e, assim, não se fez necessária a inserção da expressão "coisa móvel" no tipo penal. É esse o entendimento do Supremo Tribunal Federal.

8. Elemento subjetivo. A receptação dolosa pressupõe que o agente saiba, tenha plena ciência da origem criminosa do bem. Por esse motivo, exigência do tipo penal, é possível que se afirme que tal delito é compatível apenas com o dolo direto. Dessa forma, se alguém apenas desconfia de tal origem ilícita, mas não tem plena certeza a esse respeito e, mesmo assim, adquire o objeto, responde por receptação culposa, uma vez que a descrição típica do art. 180, *caput*, é incompatível com a figura do dolo eventual (dúvida quanto à origem espúria do bem).

A maioria dos doutrinadores entende que somente há receptação quando o agente sabe da origem ilícita desde o momento em que recebe o bem. Por isso, se o agente adquire o objeto de boa-fé e apenas posteriormente descobre a sua origem criminosa e continua utilizando-o, não responde por receptação (salvo se praticar nova conduta delituosa, como, p. ex., ocultá-lo). Nélson Hungria, entretanto, discorda desse posicionamento entendendo que em qualquer caso existe receptação, já que não há na lei qualquer elemento que permita conclusão em sentido contrário.

Para que a receptação exista é necessário que o agente queira obter alguma vantagem para si ou para outrem. Veja-se, entretanto, que, se o sujeito visa beneficiar o próprio autor do crime antecedente, responde pelo crime de favorecimento real (art. 349 do CP), que tem a seguinte redação: "prestar a criminoso, fora dos casos de coautoria e receptação, auxílio destinado a tornar seguro o proveito do crime". Assim, quem esconde veículo roubado para o autor da subtração livrar-se das investigações policiais, responde por favorecimento real e não por receptação. Se a conduta do agente, entretanto, visa beneficiar qualquer outra pessoa que não o autor do crime antecedente, responde por receptação.

9. Norma penal explicativa. O § 4º do art. 180 do Código Penal traz em seu bojo uma norma penal de natureza explicativa ou complementar, uma vez que regulamenta a aplicação dos dispositivos do capítulo da receptação. Esse § 4º aplica-se a todas as formas de receptação (dolosa, simples ou qualificada, e culposa).

> Art. 180, § 4º – A receptação é punível, ainda que desconhecido ou isento de pena o autor do crime de que proveio a coisa.

Essa norma, em verdade, dispõe acerca de dois aspectos distintos:

1) O receptador pode ser punido ainda que não se saiba quem foi o autor do crime antecedente. Trata-se de situação absolutamente corriqueira, em que o objeto é encontrado em poder do receptador, mas não se consegue, por diversos fatores, saber quem efetivamente cometeu a infração penal anterior.

Pode-se concluir, portanto, que, para a existência da receptação, é necessário que se prove que houve um crime anterior, independentemente de prova da autoria dessa infração penal.

É claro, no entanto, que se forem identificados tanto o receptador quanto o autor do crime antecedente serão os crimes considerados conexos (conexão instrumental ou probatória – art. 76, III, do CPP) e, assim, sempre que possível, deverá haver um só processo e uma só sentença.

Nessa última hipótese fica a pergunta: se o juiz vier a absolver o autor do crime antecedente, poderá condenar o receptador?

Depende do motivo que o levar a absolver o autor da infração anterior. Se tal motivo for incompatível com a receptação, deverá absolver também o réu acusado por este crime, caso contrário, poderá condenar o receptador.

Assim, analisando o art. 386 do Código de Processo Penal, que descreve as hipóteses passíveis de embasar uma absolvição, pode-se concluir que o receptador, em tese, pode ser condenado quando a absolvição do acusado pelo crime anterior deu-se por:

a) estar provado que o réu não concorreu para a infração penal ou não existir prova de que ele tenha concorrido para tal crime (já que o delito antecedente pode ter sido praticado por outra pessoa);
b) existir circunstância que o isente de pena (excludente de culpabilidade ou escusa absolutória);
c) não existir prova suficiente para a condenação.

Por outro lado, o receptador não poderá ser condenado quando a absolvição do acusado pelo delito antecedente der-se por:

a) estar provada a inexistência do fato;
b) não estar provada a existência do fato (já vimos que a receptação pressupõe prova e não dúvida quanto à existência do crime anterior);
c) atipicidade do fato;
d) existir circunstância que exclua o crime (excludente de ilicitude) ou fundada dúvida quanto à sua existência.

2) O receptador pode ainda ser punido quando isento de pena o autor do crime de que proveio a coisa. As causas de isenção de pena em relação ao autor do crime antecedente que não atingem a possibilidade de punição do receptador são as excludentes de culpabilidade (menoridade, doença mental) e as escusas absolutórias. Assim, comete receptação quem adquire uma televisão furtada por um menor de idade, bem como quem recebe objeto que alguém furtou do próprio pai (escusa absolutória – art. 181, II, do CP).

Por sua vez, veja-se que a declaração da extinção da punibilidade do crime antecedente não impede a punição do receptador, nos termos do art. 108 do Código Penal, que determina que "a extinção da punibilidade de crime que é pressuposto... de outro não se estende a este".

Assim, se um objeto é furtado e, anos depois, vendido para o receptador, é óbvio que o furto prescreve antes da receptação. Essa prescrição, entretanto, em nada afeta a punibilidade do receptador. O mesmo ocorre, por exemplo, quando morre o autor do crime antecedente, fato que em nada beneficia o receptador. Observe-se, tão somente, que essa regra do art. 108 do estatuto penal encontra duas exceções, relativas a causas extintivas da punibilidade que decorrem de lei nova mais benéfica, quais sejam, na *abolitio criminis* e na anistia em relação ao crime antecedente. Nessas duas hipóteses, deixará também de ser punível a receptação, aplicando-se, nesse caso, a regra do art. 2º, parágrafo único do Código, que determina que a lei nova que de qualquer modo favoreça o agente retroage para aplicar-se a fatos anteriores. Assim, se uma pessoa compra um objeto furtado e uma lei posterior revoga o crime de furto, considera-se que essa nova lei retroage à data do delito, e, portanto, o objeto não mais pode ser considerado produto de crime.

1.2. RECEPTAÇÃO IMPRÓPRIA

> Art. 180, *caput*, 2ª parte – ... influir para que terceiro, de boa-fé, a adquira, receba ou oculte (coisa produto de crime):
>
> Pena – reclusão, de um a quatro anos, e multa.

1. Conceito. "Influir" significa instigar, convencer alguém a fazer alguma coisa. No caso da receptação imprópria, o agente é punido porque, ciente da procedência ilícita de um determinado produto, toma atitudes no sentido de convencer uma terceira pessoa que não tem conhecimento dessa origem criminosa a adquirir, receber ou ocultar tal objeto. O agente atua como intermediário, sendo evidente que ele não pode ter sido o autor do crime antecedente, pois, conforme já mencionado, este responde apenas pelo delito cometido e não pela receptação. Assim, quem furta um carro e depois influi para que terceiro de boa-fé o adquira responde apenas pelo furto, sendo considerados *post factum* impuníveis os crimes de "disposição de coisa alheia como própria" (CP, art. 171, § 2º, I) e "receptação imprópria". Por outro lado, se uma pessoa furta um carro e pede a um amigo que arrume um comprador, e ele sai à busca de eventuais interessados de boa-fé, teremos dois delitos distintos, um furto e uma receptação imprópria (por parte do amigo).

É também pressuposto da receptação imprópria, por constar da própria redação do dispositivo, que o terceiro esteja de boa-fé, ou seja, que não saiba da origem criminosa do objeto, pois, se souber e o adquirir, receber ou ocultar, responderá por receptação própria, e quem o tiver influenciado será partícipe deste delito, ficando, pois, afastada a receptação imprópria.

2. Consumação e tentativa. De acordo com a própria lei, basta que o agente faça a proposta ao terceiro de boa-fé visando convencê-lo, sendo irrelevante que tenha ou não obtido êxito em sua conduta. Em outras palavras, não é necessário que o terceiro tenha efetivamente adquirido, recebido ou ocultado o bem. Trata-se, portanto, de crime formal.

Assim, conclui-se que a receptação imprópria não admite a figura da tentativa, pois, ou o agente faz a proposta ao terceiro, e o crime está consumado (independentemente do resultado), ou não a faz, e a conduta é atípica.

Percebe-se, pois, que a receptação própria admite a tentativa e a imprópria não.

3. Sujeitos ativo e passivo, objeto material e elemento subjetivo. Seguem as mesmas regras da receptação própria.

1.3. CAUSA DE AUMENTO DE PENA

Art. 180, § 6º – Tratando-se de bens do patrimônio da União, de Estado, do Distrito Federal, de Município ou de autarquia, fundação pública, empresa pública, sociedade de economia mista ou empresa concessionária de serviços públicos, aplica-se em dobro a pena prevista no *caput* deste artigo.

Explica-se a necessidade de maior rigor na pena porque na receptação dolosa o agente sabe da procedência ilícita do bem e, sendo o objeto produto de crime pertencente a uma das pessoas jurídicas mencionadas no dispositivo, fica evidente a maior gravidade da conduta.

Para que a pena majorada possa ser aplicada, todavia, não basta que o agente tenha ciência da origem ilícita, exigindo-se, também, que saiba especificamente que o patrimônio de uma das pessoas jurídicas mencionadas no § 6º foi atingido. Conclusão em sentido contrário levaria à chamada responsabilidade objetiva.

Essa causa de aumento de pena teve sua natureza jurídica e suas consequências alteradas pela Lei n. 9.426/96. Até então, tratava-se de qualificadora prevista no § 4º, que determinava que, nas mesmas hipóteses, a pena seria de um a cinco anos de reclusão e multa. Entretanto, com a criação da figura qualificada do § 1º que será a seguir abordada, entendeu por bem o legislador deslocar o dispositivo para o § 6º e alterar sua natureza jurídica para "causa de aumento de pena", cuja consequência é a aplicação desta em dobro.

Veja-se também que tal dispositivo, por expressa previsão legal, somente se aplica às formas de receptação previstas no *caput* (receptação simples – própria ou imprópria), sendo inaplicáveis à receptação qualificada (§ 1º).

O Superior Tribunal de Justiça havia firmado entendimento de que a qualificadora não abrangia dano contra patrimônio do Distrito Federal, porque o texto legal não mencionava tal hipótese. Por isso, foi aprovada a Lei n. 13.531, de 07 de dezembro de 2017, que incluiu o Distrito Federal, bem como os bens pertencentes a autarquias e fundações públicas entre as formas majoradas.

1.4. RECEPTAÇÃO QUALIFICADA

Art. 180, § 1º – Adquirir, receber, transportar, conduzir, ocultar, ter em depósito, desmontar, montar, remontar, vender, expor à venda, ou de qualquer forma utilizar, em proveito próprio ou alheio, no exercício de atividade comercial ou industrial, coisa que deve saber ser produto de crime:

Pena – reclusão, de três a oito anos, e multa.

Trata-se de modalidade qualificada criada pela Lei n. 9.426/96, cuja razão da maior gravidade da pena é o fato de o agente cometer o crime no exercício de atividade comercial ou industrial, situação que demonstra forte desvalor da conduta, pois o agente acaba utilizando-se de seu meio de trabalho para cometer o delito. Além disso, é evidente que, em razão do exercício da atividade comercial ou industrial, encontra grande facilidade em repassar o produto da receptação a terceiros de boa-fé, que, iludidos pela impressão de maior garantia oferecida por profissionais dessas áreas, acabam sendo presas fáceis. É o caso, por exemplo, de certos comerciantes de automóveis usados que adquirem carros roubados por preços ínfimos e os revendem a preços bem elevados para pessoas que não possuem conhecimento suficiente para detectar a irregularidade.

De qualquer forma, a qualificadora em estudo é uma espécie de delito próprio, pois somente pode ser imputada a quem se encontra no exercício de atividade comercial ou industrial. Não incorre na figura qualificada (e sim em receptação simples) quem não exerce atividade comercial e adquire de forma isolada um objeto de origem criminosa a fim de revendê-lo.

Veja-se que o legislador fez questão de inserir também uma norma no § 2º do art. 180 no sentido de equiparar "à atividade comercial, para efeito do parágrafo anterior, qualquer forma de comércio irregular ou clandestino, inclusive o exercido em residência". Trata-se de norma penal explicativa ou complementar, cuja finalidade é não deixar qualquer dúvida sobre a possibilidade de aplicação da qualificadora a camelôs, a pessoas que exerçam comércio em suas próprias casas ou a qualquer outro comerciante que não tenha sua situação regularizada junto aos órgãos competentes.

Observe-se que na descrição típica o legislador incriminou doze condutas justamente com a finalidade de evitar a impunidade. Há que se salientar que a inserção da maior parte dos verbos, como montar, desmontar, remontar, conduzir e transportar, teve por finalidade aumentar e facilitar a punição de receptadores de automóveis e autopeças, fato facilmente constatável em face do teor das demais alterações trazidas pela Lei n. 9.426/96, que por diversas vezes mencionou "veículos automotores", "chassi" etc.

Deve ser salientado também que estamos diante de uma qualificadora que segue a regra dos chamados tipos mistos alternativos, em que a prática de mais de uma conduta em relação ao mesmo objeto material deve ser considerada crime único e não delito continuado. Assim, se alguém, no exercício do comércio, compra um carro roubado, desmonta-o e depois vende-o, comete uma única infração penal.

Questão tormentosa e que gerou acalorados debates diz respeito ao elemento subjetivo do tipo qualificado, uma vez que o tipo penal só menciona a possibilidade de punição daqueles que devem saber da origem criminosa do bem. Qual seria o significado e a extensão dessa expressão?

Veja-se, inicialmente, que a discussão não é tão atual como pode parecer, já que o art. 130 do Código Penal pune aquele que expõe alguém a perigo de contágio de moléstia venérea de que sabe ou deve saber estar contaminado, por meio da prática de algum ato sexual. É evidente que a palavra "sabe" somente é compatível com o dolo direto, ou seja, com a plena certeza do acometimento da doença. Já em relação ao significado de "deve saber", no crime do art. 130, a doutrina acabou por inclinar-se, majoritariamente, no sentido de que a expressão seria indicativa de culpa, conforme ensinamentos de Nélson Hungria, Magalhães Noronha, Bento de Faria, Frederico Marques, Euclides C. da Silveira e Júlio F. Mirabete. Em sentido contrário, todavia, temos as opiniões de Damásio de Jesus e Celso Delmanto, para quem o "deve saber" estaria a indicar uma situação de dolo eventual.

De qualquer forma, a discussão existente no crime do art. 130 do Código Penal não pode simplesmente ser transportada para a forma qualificada de receptação, uma vez que, nesta, ao contrário do que ocorre naquele artigo, existe uma figura autônoma tratando da modalidade culposa (§ 3º). Por esse motivo, bem como pela extrema gravidade da pena, é evidente que a forma qualificada da receptação não pode se referir a uma conduta culposa.

Não há dúvida, portanto, que no crime em análise a expressão "deve saber" é indicativa de dolo eventual, ou seja, mostra-se presente quando o comerciante ou o industrial desconfia, tem dúvida quanto à procedência do bem e, mesmo assim, assume o risco e acaba comprando o produto.

Surge, entretanto, a indagação: o que ocorre quando o comerciante ou o industrial efetivamente sabem, tem certeza da origem espúria do bem?

Alguns juristas, como Damásio de Jesus, entendem que, em face do princípio da tipicidade plena, o "deve saber" abrange apenas o dolo eventual, da mesma forma que o "sabe" somente é compatível com o dolo direto. Dessa forma, o comerciante ou industrial que atuarem com dolo eventual, deverão responder pela figura qualificada do § 1º, e aqueles que agirem com dolo direto, cientes da origem ilícita do bem, deverão responder pela figura simples do *caput*. Essa solução, entretanto, é extremamente injusta, pois pune mais fortemente a conduta menos grave. Em razão disso, Damásio de Jesus sustenta que, em ambas as hipóteses, deverá ser aplicada a pena da receptação simples, desconsiderando-se a pena de reclusão, de três a oito anos, e multa prevista para a figura qualificada.

Prevaleceu, todavia, no Supremo Tribunal Federal e no Superior Tribunal de Justiça, o entendimento de que a conduta mais grave (dolo direto por parte do comerciante ou industrial que sabe efetivamente da origem criminosa) não pode deixar de configurar o crime qualificado, já que a menos grave (dolo eventual) é suficiente para tipificá-lo. As Cortes Superiores, entretanto, alegam não se tratar de analogia *in malam partem* e sim de interpretação extensiva – permitida porque o legislador teria se esquecido de inserir a expressão "sabe" na modalidade qualificada.

1.5. RECEPTAÇÃO DE SEMOVENTE DOMESTICÁVEL DE PRODUÇÃO

> Art. 180-A – Adquirir, receber, transportar, conduzir, ocultar, ter em depósito ou vender, com a finalidade de produção ou de comercialização, semovente domesticável de produção, ainda que abatido ou dividido em partes, que deve saber ser produto de crime:
>
> Pena – reclusão, de dois a cinco anos, e multa.

A presente figura qualificada, introduzida no Código Penal pela Lei n. 13.330/2016, possui dois elementos especializantes:

a) o objeto material deve ser semovente domesticável de produção (boi, porco, cabra, galinha etc);

b) a conduta do receptador deve ser realizada com a finalidade específica de produção ou comercialização futura do animal (elemento subjetivo do tipo). Não basta, pois, que o agente compre um semovente domesticável de produção para que esteja presente o crime qualificado. É preciso que o faça especificamente com o intuito de produção ou comercialização.

Ressalve-se, por fim, que esta forma qualificada também contém a expressão "que deve saber ser produto de crime", que abrange o dolo eventual e o dolo direto (de acordo com entendimento sedimentado no Supremo Tribunal Federal e no Superior Tribunal de Justiça – ver comentários ao art. 180, § 1º, do CP).

1.6. RECEPTAÇÃO PRIVILEGIADA

> Art. 180, § 5º, 2ª parte – ... Na receptação dolosa aplica-se o disposto no § 2º do art. 155.

O privilégio somente é aplicável à receptação dolosa (própria ou imprópria), sendo, pois, incabível na culposa.

Quanto aos requisitos e consequências possíveis, aplica-se o que foi estudado em relação ao furto privilegiado (art. 155, § 2º).

2 RECEPTAÇÃO CULPOSA

> Art. 180, § 3º – Adquirir ou receber coisa que, por sua natureza ou pela desproporção entre o valor e o preço, ou pela condição de quem a oferece, deve presumir-se obtida por meio criminoso:
>
> Pena – detenção, de um mês a um ano, ou multa, ou ambas as penas.

1. Introdução. Nas relações humanas da vida em sociedade algumas cautelas são necessárias no sentido de evitar a aquisição ou o recebimento, a qualquer título, de objetos provenientes de conduta criminosa. Esses cuidados, inerentes ao homem médio, visam justamente dificultar a proliferação de objetos dessa natureza, bem como evitar eventual estímulo à criminalidade. A necessidade de tomar esse tipo de precaução, entretanto, passou a ser obrigação legal, pois a inobservância de tais cuidados implica o enquadramento como crime de receptação culposa.

2. Tipo objetivo. Na receptação culposa estão descritos apenas os verbos "adquirir" e "receber". De acordo com a doutrina, o verbo "ocultar" não foi inserido nesse tipo penal, por entender-se que quem se dispõe a esconder um objeto sabe de sua procedência ilícita.

Na receptação culposa, ao contrário do que ocorre com os delitos culposos em geral, o tipo penal não é aberto, na medida em que o legislador descreveu os parâmetros que indicam a culpa do agente:

a) Natureza do objeto. Significa que certos objetos, por sua própria essência ou por imposição legal, pressupõem cuidados específicos que, se não forem observados, levarão ao reconhecimento da receptação culposa. É o caso, por exemplo, da aquisição de um revólver desacompanhado do registro ou sem numeração, de um veículo sem o respectivo documento ou com falsificação grosseira do chassi etc.

b) Desproporção entre o valor de mercado e o preço pago. Para que se possa fazer essa comparação exige-se a elaboração de avaliação por peritos a respeito do preço de mercado do objeto.

Para que se configure a receptação culposa deve haver uma desproporção considerável, que faria surgir desconfiança em um homem médio, uma vez que é sabido que os furtadores e roubadores vendem os produtos de suas infrações penais por preço bastante inferior aos de mercado.

c) Condição do ofertante. Ocorre, por exemplo, quando uma pessoa adquire ou recebe um objeto de alguém totalmente desconhecido, que não tinha condições financeiras para possuir o bem oferecido, ou de sujeito sabidamente entregue à prática de infrações penais etc.

Há que se salientar, entretanto, que para se chegar à conclusão da ocorrência de uma receptação culposa é necessário que o juiz se convença de que o agente, em razão de um dos parâmetros mencionados, deveria ter presumido a origem espúria do bem, ou, em outras palavras, de que o homem médio desconfiaria de tal procedência ilícita e não adquiriria ou receberia o objeto.

Por fim, é evidente que só existe a receptação culposa quando há prova de que o objeto é efetivamente de origem criminosa. Assim, se alguém paga por um veículo com preço infinitamente menor que o valor de mercado, mas o veículo é de procedência lícita, não há que se cogitar de receptação.

2.1. PERDÃO JUDICIAL

> Art. 180, § 5º, 1ª parte – Na hipótese do § 3º, se o criminoso é primário, pode o juiz, tendo em consideração as circunstâncias, deixar de aplicar a pena...

Essa hipótese de perdão judicial somente é aplicável à receptação culposa. O seu reconhecimento pressupõe dois requisitos:

a) primariedade do agente;

b) que as circunstâncias do crime indiquem que não se revestiu de especial gravidade, como, por exemplo, a aquisição de bem de pequeno valor.

Presentes os requisitos legais, a concessão do perdão judicial é obrigatória, não obstante a lei mencione a palavra "pode". Trata-se, em verdade, de direito subjetivo do acusado.

Lembre-se também que o perdão judicial é causa extintiva da punibilidade e que a Súmula 18 do Superior Tribunal de Justiça reconhece que a sentença concessiva do perdão judicial é declaratória da extinção da punibilidade, de tal forma que não subsiste qualquer efeito condenatório.

Quadro sinótico – Receptação

Objetividade jurídica	O patrimônio.
Tipo objetivo	A receptação própria consiste em adquirir, receber, ocultar, conduzir ou transportar, em proveito próprio ou alheio, coisa que sabe ser produto de crime. A receptação imprópria consiste em influir para que terceiro de boa-fé adquira, receba ou oculte objeto produto de crime. Trata-se de crime acessório, pois sua existência pressupõe a ocorrência de um crime anterior. Não é necessário que este delito esteja no título dos crimes contra o patrimônio, mas é preciso que tenha reflexos patrimoniais. O produto de contravenção não pode ser objeto de receptação. Imóveis também não podem, de acordo com o entendimento predominante.

Tipo objetivo	A receptação é punível, ainda que desconhecido ou isento de pena o autor do crime antecedente.
Sujeito ativo	Pode ser qualquer pessoa.
Sujeito passivo	A mesma vítima do crime antecedente.
Elemento subjetivo	Como a lei exige que o agente saiba da procedência criminosa do bem, a receptação simples (própria e imprópria) só é compatível com o dolo direto. Não admite dolo eventual.
Causa de aumento de pena	Se o produto do crime pertence à União, Estado, Distrito Federal, Município, empresa pública, autarquia, fundação pública, sociedade de economia mista ou concessionária de serviço público, a pena da receptação simples será aplicada em dobro.
Consumação	A receptação própria é crime material e só se consuma no momento em que o agente adquire, recebe, oculta, conduz ou transporta o bem. Nas duas primeiras hipóteses é crime instantâneo e nas três últimas é crime permanente. A receptação imprópria consuma-se quando o agente oferece ao terceiro de boa-fé, ainda que este não aceite comprar ou receber o bem. Trata-se de crime formal.
Tentativa	Possível na receptação própria e inviável na imprópria.
Privilégio	Cabível na receptação dolosa se o réu for primário e o produto do crime, de pequeno valor.
Figura qualificada	Se o crime for cometido no exercício de atividade comercial ou industrial por agente que deve saber da procedência criminosa do bem. As Cortes Superiores firmaram entendimento de que a qualificadora também se aplica quando o comerciante ou industrial age com dolo direto, ou seja, quando sabe efetivamente da origem ilícita. O crime também é qualificado quando o produto do crime for semovente domesticável de produção.
Receptação culposa	Adquirir ou receber coisa que, por sua natureza, pela desproporção entre o valor de mercado e o preço pago, ou pela condição do ofertante, deve presumir-se obtida por meio criminoso.
Perdão judicial	O juiz pode deixar de aplicar a pena da receptação culposa se o réu for primário e as circunstâncias forem favoráveis.
Ação penal	É sempre pública incondicionada.

Capítulo VIII

DISPOSIÇÕES GERAIS

Este é o último capítulo do título dos crimes contra o patrimônio e trata basicamente das chamadas imunidades penais absolutas e relativas nos delitos contra o patrimônio.

1 IMUNIDADES ABSOLUTAS

> Art. 181 – É isento de pena quem comete qualquer dos crimes previstos neste título, em prejuízo:
>
> I – do cônjuge, na constância da sociedade conjugal;
>
> II – de ascendente ou descendente, seja o parentesco legítimo ou ilegítimo, seja civil ou natural.

As imunidades absolutas, também chamadas de escusas absolutórias, têm como consequência a total isenção de pena para o autor da infração penal. Em razão disso, se a autoria for conhecida, a autoridade policial estará proibida de instaurar inquérito policial.

A enumeração legal é taxativa, e as imunidades só valem para os crimes contra o patrimônio, sendo, pois, inaplicáveis aos delitos conexos de outra natureza.

Pelo próprio texto legal é fácil perceber que a isenção de pena somente existe quando a conduta do sujeito gera prejuízo para as pessoas ali mencionadas (cônjuge, ascendente ou descendente). Por isso, se a infração penal causa prejuízo para terceiros, não se aplica a imunidade. Ex.: filho que subtrai objetos que pertencem à empresa de seu pai, que, todavia, tem diversos sócios que também sofrem prejuízo financeiro. Nesse caso, o filho responde pelo crime.

O inciso I refere-se à isenção de pena decorrente do matrimônio, desde que o fato delituoso ocorra durante a constância da sociedade conjugal, ou seja, antes de eventual separação judicial ou divórcio.

Portanto, deve-se levar em conta a data do fato e não a de eventual sentença. Assim, se o marido furta a esposa enquanto estão casados e depois se separam ou divorciam, permanece a imunidade. Da mesma forma, se o delito ocorre antes do matrimônio, a celebração deste não traz qualquer imunidade e tampouco extingue a punibilidade do agente.

O regime de bens do casamento, por sua vez, não faz qualquer diferença na aplicação desse instituto. Por isso, mesmo que os cônjuges tenham adotado o regime da separação de bens, a escusa será cabível.

A escusa absolutória pode ser aplicada aos companheiros por fato ocorrido durante a constância da união estável?

A doutrina tradicional era unânime em asseverar que o instituto não se aplicava aos companheiros, porque a lei só menciona a palavra "cônjuges". Assim, apenas o casamento civil e o religioso com efeitos civis estariam englobados pela escusa.

Acontece que o legislador constituinte, atento às modificações sociais ocorridas, estabeleceu no art. 226, § 3º, da Constituição Federal que, "para efeito de proteção do Estado, é reconhecida a união estável entre o homem e a mulher como entidade familiar, devendo a lei facilitar sua conversão em casamento". Em razão disso, não obstante, casamento e união estável continuem possuindo características diversas, surgiu entendimento no sentido de que não existe, na atualidade, qualquer razão para que a imunidade deixe de ser aplicada aos companheiros, uma vez que formam, tal como os cônjuges, uma entidade familiar. Esse entendimento encontra-se pacificado.

Já o inciso II determina a aplicação da escusa absolutória quando o crime é praticado contra ascendente ou descendente, qualquer que seja o grau na linha reta (contra pai, avô, bisavô, filho, neto, bisneto etc.). O esclarecimento feito pela lei, no sentido de que a imunidade abrange o parentesco legítimo ou ilegítimo, natural ou civil, atualmente seria dispensável, em face de a Constituição Federal vedar qualquer distinção em razão do estado de filiação.

A imunidade, entretanto, não atinge o parentesco por afinidade (sogro, sogra, genro ou nora).

2 IMUNIDADES RELATIVAS

Art. 182 – Somente se procede mediante representação, se o crime previsto neste título é cometido em prejuízo:

I – do cônjuge desquitado ou judicialmente separado;

II – de irmão, legítimo ou ilegítimo;

III – de tio ou sobrinho, com quem o agente coabita.

As imunidades relativas, também chamadas de processuais, têm como consequência a transformação da ação penal pública incondicionada em condicionada à representação. Essas imunidades, portanto, não se aplicam aos crimes contra o patrimônio que se apuram mediante queixa (dano simples, p. ex.).

O inciso I aplica-se quando o fato ocorre enquanto as partes encontram-se separadas judicialmente ou desquitadas (pela antiga legislação civil). Se o fato ocorre após o divórcio, não há qualquer imunidade.

O inciso II é cabível quando o delito verifica-se entre irmãos. A regra vale tanto para os germanos (filhos do mesmo pai e da mesma mãe) quanto para os unilaterais (filhos apenas do mesmo pai ou da mesma mãe). Por isso, quando um irmão furta objeto de outro, a ação penal só pode ser proposta se houver representação da vítima.

O inciso III, por sua vez, somente tem aplicação quando tio e sobrinho moram, de forma não transitória, na mesma residência. Em tal hipótese, pressupõe-se que a existência do processo pode acarretar sérios desgastes à convivência, daí a necessidade da representação.

Veja-se, por outro lado, que é irrelevante que o crime tenha sido praticado no local em que as partes moram ou em outro lugar qualquer.

3 EXCEÇÕES

Art. 183 – Não se aplica o disposto nos dois artigos anteriores:

I – se o crime é de roubo ou de extorsão, ou, em geral, quando haja emprego de grave ameaça ou violência à pessoa.

Percebe-se, portanto, que as imunidades absolutas e relativas não são aplicáveis a todos os crimes contra o patrimônio. O inciso I afasta a aplicação dos institutos para todas as modalidades de roubo e extorsão (inclusive extorsão indireta), bem como para todos os demais crimes contra o patrimônio cometidos com violência à pessoa ou grave ameaça, que, na verdade, são apenas o dano qualificado (CP, art. 163, parágrafo único, I) e o esbulho possessório (art. 161, § 1º, II).

O art. 7º da Lei n. 11.340/2006 (Lei Maria da Penha) conceitua violência doméstica ou familiar contra a mulher, abrangendo para os fins de aplicação de referida Lei a violência física (inciso I), a psicológica (inciso II), a sexual (inciso III), a patrimonial (inciso IV) e a moral (inciso V). Em razão do inciso IV, alguns autores interpretaram equivocadamente que todo crime patrimonial cometido contra a esposa, a companheira, a filha etc. estaria excluído das imunidades ainda que se tratasse de crimes como furto ou apropriação indébita. Esta interpretação é equivocada porque, nos expressos termos do art. 183, I, do CP, as imunidades só devem ser excluídas se o crime envolver violência contra a pessoa ou grave ameaça. Violência contra a pessoa é a violência física (real), é a que decorre de uma efetiva agressão ou do emprego de força física contra a vítima. No furto, na apropriação indébita e no estelionato não há emprego de violência contra a pessoa e, por isso, as imunidades são cabíveis. Violência patrimonial e violência física não se confundem nem mesmo no texto da Lei Maria da Penha, conforme se verifica nos incisos I e IV da mencionada Lei, que os diferencia. Ao dispor que existe violência patrimonial em crimes como o furto, a Lei Maria da Penha estabeleceu apenas que tal crime, por gerar lesão patrimonial, admite a incidência das normas protetivas à mulher elencadas na própria lei, não havendo, contudo, extensão a dispositivos do Código Penal que nitidamente não foram por ela abrangidos. Se fosse verdade que a Lei Maria da Penha tivesse transformado toda forma de violência patrimonial, doméstica ou familiar, contra a mulher, em forma de violência física, então a subtração pura e simples contra a esposa deveria ser tipificada como roubo (e não como furto); o estelionato contra a filha deveria ser enquadrado como extorsão. Nada mais absurdo.

Art. 183, II – ao estranho que participa do crime.

Assim, se a subtração de um televisor é feita pelo filho e por um amigo, aquele é totalmente isento de pena, enquanto este responde pelo crime, aplicando-se, inclusive, a qualificadora do concurso de agentes.

Art. 183, III – se o crime é praticado contra pessoa com idade igual ou superior a sessenta anos.

Esse dispositivo foi acrescentado ao Código Penal pela Lei n. 10.741/2003 (Estatuto do Idoso). Em razão desse dispositivo, será punível todo e qualquer crime contra o patrimônio de pessoa que tenha 60 anos ou mais, ainda que o autor do delito seja, por exemplo, o seu cônjuge, algum descendente, irmão etc. Nesses casos, a pena será também agravada nos termos do art. 61, II, *e* e *h*, do Código Penal.

Título III
DOS CRIMES CONTRA A PROPRIEDADE IMATERIAL

Neste título existiam quatro capítulos, mas apenas o que trata dos crimes contra a propriedade intelectual encontra-se em vigor e, ainda assim, parcialmente. Os demais – que tratavam dos crimes contra o privilégio de invenção, contra as marcas de indústria e comércio e de concorrência desleal – foram revogados pela Lei n. 9.279/96.

Capítulo I
DOS CRIMES CONTRA A PROPRIEDADE INTELECTUAL

Neste Capítulo, estavam previstos dois crimes:

a) violação de direito autoral (art. 184);

b) usurpação de nome ou pseudônimo alheio.

Este último, todavia, foi revogado pela Lei n. 10.695/2003, restando em vigor apenas o crime de violação de direito autoral.

1 VIOLAÇÃO DE DIREITO AUTORAL

Art. 184 – Violar direitos de autor e os que lhe são conexos:

Pena – detenção, de três meses a um ano, ou multa.

§ 1º Se a violação consistir em reprodução total ou parcial, com intuito de lucro direto ou indireto, por qualquer meio ou processo, de obra intelectual, interpretação, execução ou fonograma, sem autorização expressa do autor, do artista intérprete ou executante, do produtor, conforme o caso, ou quem o represente:

Pena – reclusão, de dois a quatro anos, e multa.

§ 2º Na mesma pena do § 1º incorre quem, com o intuito de lucro direto ou indireto, distribui, vende, expõe à venda, aluga, introduz no País, adquire, oculta, tem em depósito, original ou cópia de obra intelectual ou fonograma reproduzido com violação do direito de autor, do direito de artista intérprete ou executante ou do direito do produtor de fonograma, ou, ainda, aluga original ou cópia de obra intelectual ou fonograma, sem a expressa autorização dos titulares dos direitos ou de quem os represente.

§ 3º Se a violação consistir no oferecimento ao público, mediante cabo, fibra ótica, satélite, ondas ou qualquer outro sistema que permita ao usuário realizar a seleção da obra ou produção para recebê-la em um tempo e lugar previamente determinados por quem formula a demanda, com intuito de lucro, direto ou indireto, sem autorização expressa, conforme o caso, do autor, do artista intérprete ou executante, do produtor de fonograma, ou de quem o represente:

Pena – reclusão, de dois a quatro anos, e multa.

§ 4º O disposto nos §§ 1º, 2º e 3º não se aplica quando se tratar de exceção ou limitação ao direito de autor ou os que lhe são conexos, em conformidade com o previsto na Lei n. 9.610/98, nem a cópia de obra intelectual ou fonograma, em um só exemplar, para uso privado do copista, sem intuito de lucro direto ou indireto.

1. Objetividade jurídica. A preservação dos direitos autorais e da propriedade intelectual, assegurados pelo art. 5º, XXVII, da Constituição Federal: "aos autores pertence o direito exclusivo de utilização, publicação ou reprodução de suas obras, transmissível aos herdeiros pelo tempo que a lei fixar".

2. Tipo objetivo. Consiste em violar o direito autoral. Violar é sinônimo de transgredir, ofender. O autor tem direitos patrimoniais e morais sobre sua obra. Assim, caracterizam o crime o plágio, a utilização indevida de imagem da obra, a sua reprodução não autorizada e até a confecção de edição de número maior de volumes sem o conhecimento do autor. O significado e o alcance do conceito de direito autoral é fornecido por lei especial (Lei n. 9.610/98), tratando-se o crime em estudo, portanto, de norma penal em branco. Referida lei, ademais, contém diversos outros conceitos que complementam o tipo penal e suas figuras qualificadas, de modo que será necessário abordar tais conceitos para a compreensão do dispositivo.

Autor é a pessoa física criadora de obra literária, artística ou científica (art. 11 da Lei n. 9.610/98). A lei penal, contudo, também tutela os direitos conexos ao do autor que são os direitos dos artistas intérpretes ou executantes, dos produtores fonográficos e das empresas de radiofusão (art. 89 da Lei n. 9.610/98).

No § 1º do art. 184 pune-se de forma mais grave (figura qualificada) a conduta de reproduzir, total ou parcialmente, com intuito de lucro direto ou indireto, por qualquer meio ou processo, sem autorização, obra intelectual, interpretação, execução ou fonograma. Assim, comete o crime qualificado, por exemplo, o livreiro que tira cópias integrais ou de capítulos de livros e as expõe à venda, já que não serão pagos direitos autorais sobre elas, ou quem faz cópias piratas de CDs ou elabora DVDs com coletâneas de músicas a fim de comercializá-las.

O tipo penal exige que a reprodução ocorra sem autorização do autor, artista intérprete ou executante, ou do produtor. A própria Lei n. 9.610/98 cuida-se de defini-los:

Reprodução é a cópia de um ou vários exemplares de uma obra literária, artística ou científica ou de um fonograma, de qualquer forma tangível, incluindo qualquer armazenamento permanente ou temporário por meios eletrônicos ou qualquer outro meio de fixação que venha a ser desenvolvido (art. 5º, VI). A figura simples do *caput* só tem aplicação quando a violação não consistir em reprodução.

Artistas intérpretes ou executantes são todos os atores, cantores, músicos, bailarinos ou outras pessoas que representem um papel, cantem, recitem, declamem, interpretem ou executem em qualquer forma obras literárias ou artísticas ou expressões do folclore (art. 5º, XIII).

Produtor é a pessoa física ou jurídica que toma a iniciativa e tem a responsabilidade econômica da primeira fixação do fonograma ou da obra audiovisual, qualquer que seja a natureza do suporte utilizado (art. 5º, XI).

Fonograma é toda fixação de sons de uma execução, ou interpretação de outros sons, ou de uma representação de sons que não seja uma fixação incluída em uma obra audiovisual (art. 5º, IX).

Nos termos do art. 7º da Lei n. 9.610/98, obras intelectuais protegidas são as criações do espírito, expressas por qualquer meio ou fixadas em qualquer suporte, tangível ou intangível, conhecido ou que se invente no futuro, tais como: os textos de obras literárias, artísticas ou científicas (inc. I); as conferências, alocuções, sermões e outras obras da mesma natureza (inc. II); as obras dramáticas e dramático-musicais (inc. III); as obras coreográficas e pantomímicas, cuja execução cênica se fixe por escrito ou por outra forma qualquer (inc. IV); as composições musicais, tenham ou não letra (inc. V); as obras audiovisuais, sonorizadas ou não, inclusive as cinematográficas (inc. VI); as obras fotográficas e as produzidas por qualquer processo análogo ao da fotografia (inc. VII); as obras de desenho, pintura, gravura, escultura, litografia e arte cinética (inc. VIII); as ilustrações, cartas geográficas e outras obras da mesma natureza (inc. IX); os projetos, esboços e obras plásticas, concernentes à geografia, engenharia, topografia, arquitetura, paisagismo, cenografia e ciência (inc. X); as adaptações, traduções e outras transformações de obras originais, apresentadas como criação intelectual nova (inc. XI); os programas de computador (inc. XII); e as coletâneas ou compilações, antologias, enciclopédias, dicionários, bases de dados e outras obras que, por sua seleção, organização ou pela disposição de seu conteúdo, constituam uma criação intelectual (inc. XIII).

O tipo penal do art. 184, § 1º, do Código Penal, não mais contém expressamente o termo videofonograma. É evidente, entretanto, que a pirataria de fitas de videocassete ou de DVDs continua configurando violação de direito autoral, já que o tipo penal qualificado pune a violação de direito intelectual e, conforme mencionado, este abrange as obras audiovisuais, sonorizadas ou não, inclusive as cinematográficas (art. 7º, VI).

Saliente-se que, de acordo com o art. 7º, § 1º, da Lei n. 9.610/98, os programas de computador são objeto de legislação específica, ou seja, a Lei n. 9.609/98, que, em seu art. 12, pune criminalmente a violação de direitos de autor de programa de computador.

Por sua vez, o art. 8º da Lei n. 9.610/98 estabelece que não são objeto de proteção como direitos autorais: as ideias, procedimentos normativos, sistemas, métodos, projetos ou conceitos matemáticos como tais (inc. I); os esquemas, planos ou regras para realizar atos mentais, jogos ou negócios (inc. II); os formulários em branco para serem preenchidos por qualquer tipo de informação, científica ou não, e suas instruções (inc. III); os textos de tratados ou convenções, leis, decretos, regulamentos, decisões judiciais e demais atos oficiais (inc. IV); as informações de uso comum, tais como calendários, agendas, cadastros ou legendas (inc. V); os nomes e títulos isolados (inc. VI); e o aproveitamento industrial ou comercial das ideias contidas nas obras (inc. VII).

O § 2º do art. 184 estabelece que, na mesma pena do § 1º, incorre quem, com o intuito de lucro direto ou indireto, distribui, vende, expõe à venda, aluga, introduz no país, adquire, oculta, tem em depósito, original (primeira reprodução) ou cópia de obra intelectual ou fonograma reproduzido com violação do direito de autor, do direito de artista intérprete ou executante ou do direito do produtor de fonograma, ou, ainda, aluga original ou cópia de obra intelectual ou fonograma, sem a expressa autorização dos titulares dos direitos ou de quem os represente. Esse dispositivo pune, por exemplo, os camelôs que expõem à venda e comercializam CDs ou DVDs falsificados, ou aqueles que efetuam a distribuição desses produtos, bem como os lojistas que vendem camisas ou cadernos com estampas de personagens de desenhos animados sem que tenha havido autorização dos titulares do direito autoral (criação intelectual). Pune também o dono de locadora que aluga fitas ou DVDs piratas etc.

O Supremo Tribunal Federal não admite a tese de que o fato deve ser considerado atípico porque aceito pela coletividade. Não se pode esquecer que o crime em análise, além de afetar o direito econômico dos autores e produtores sobre a obra, gera também imensos prejuízos ao fisco (já que as cópias piratas não geram o pagamento de tributos) e aos lojistas regularmente estabelecidos, uma vez que se trata de concorrência desigual. No mesmo sentido, vêm decidindo as duas Turmas criminais do Superior Tribunal de Justiça, que, inclusive, aprovou a Súmula 502 nesse sentido.

Os tribunais superiores também entendem que, para a punição pelo delito em análise, é desnecessária a identificação do titular do direito autoral no laudo pericial, bem como sua oitiva. É evidente, entretanto, que o laudo deve atestar a contrafação. A perícia, contudo, pode ser feita por amostragem e com base nos aspectos externos dos CDs ou DVDs "piratas". Nesse sentido, a Súmula 574 do Superior Tribunal de Justiça: "Para a configuração do delito de violação de direito autoral e a comprovação de sua materialidade, é suficiente a perícia realizada por amostragem do produto apreendido, nos aspectos externos do material, e é desnecessária a identificação dos titulares dos direitos autorais violados ou daqueles que os representem".

Por fim, o § 3º pune quem oferece ao público, mediante cabo, fibra ótica, satélite, ondas ou qualquer outro sistema que permita ao usuário realizar a seleção da obra ou produção para recebê-la em tempo e lugar previamente determinados por quem formula a demanda, com intuito de lucro, direto ou indireto, sem autorização expressa, conforme o caso, do autor, do artista intérprete ou executante, do produtor do fonograma ou de quem o represente. Note-se que o tipo penal somente prevê punição para quem oferece, e não para quem adquire.

3. Exclusão do crime. Nos termos do § 4º do art. 184 do Código Penal, o disposto nos §§ 1º, 2º e 3º não se aplica quando se tratar de exceção ou limitação ao direito de autor ou os que lhe são conexos, em conformidade com o previsto na Lei n. 9.610/98, nem a cópia de obra intelectual ou fonograma, em um só exemplar, para uso privado do copista, sem intuito de lucro direto ou indireto. É o que ocorre, por exemplo, quando um estudante tira cópia única de um livro para estudar para uma prova. As demais limitações ao direito do autor estão expressamente elencadas no art. 46 da Lei n. 9.610/98. Quando estiver presente qualquer dessas hipóteses, o fato não constituirá crime.

4. Sujeito ativo. Pode ser qualquer pessoa. Trata-se de crime comum.

5. Sujeito passivo. O autor da obra, seus sucessores ou, ainda, aqueles a quem os direitos do autor tenham sido cedidos, conforme permite o art. 49, I, da Lei n. 9.610/98. Com efeito, o autor pode negociar os direitos patrimoniais relativos à obra. Pode, por exemplo, receber considerável quantia adiantada para que, em um prazo de cinco anos, os valores correspondentes aos direitos autorais auferidos sejam transferidos a quem efetuou o adiantamento. Em tal caso, a violação terá também como vítima o cessionário.

6. Consumação. No momento da efetiva violação. Na hipótese do § 1º, dá-se com a reprodução da obra intelectual ou do fonograma, visto que tal dispositivo pune o responsável pela reprodução. Já no § 2º, a consumação ocorre quando o agente distribui, vende, expõe à venda, aluga, introduz no país, adquire, oculta ou tem em depósito a reprodução feita com violação de direito autoral. Por fim, a figura do § 3º consuma-se quando o agente oferece ao público a obra ou produção alheia.

7. Tentativa. É possível em todas as figuras.

8. Ação penal. Existem as seguintes regras no art. 186 do Código Penal:

a) ação privada: na figura simples do *caput*;

b) ação pública incondicionada: nas figuras qualificadas dos §§ 1º e 2º, e se o crime for cometido em desfavor de entidades de direito público, autarquia, empresa pública, sociedade de economia mista ou fundação instituída pelo poder público;

c) ação pública condicionada à representação: na figura qualificada do § 3º.